Jürgen Schedler | Ulrich Maier

MIT DER BAHN AM NECKAR ENTLANG

Jürgen
Schedler

Ulrich
Maier

Mit der Bahn
AM NECKAR
entlang

Eine
Reise vom
Ursprung
bis zur
Mündung

SILBERBURG

Bildnachweis

Ulrich Maier: Seiten 10, 13–23, 25–27, 30, 33–44, 89, 91–93, 101, 102, 104–106, 122–128, 135, 136, 141, 145, 147–190.

Jürgen Schedler: Seiten 12, 24, 28, 31, 46–86, 90, 94–99, 103, 108–120, 131, 132, 138, 140, 142, 146.

1. Auflage 2018

© 2018 by Silberburg-Verlag GmbH,
Schweickhardtstraße 5a, 72072 Tübingen.
Alle Rechte vorbehalten.
Umschlaggestaltung: Christoph Wöhler, Tübingen,
unter Verwendung einer Fotografie von Jürgen Schedler.
Lektorat: Gertrud Menczel, Böblingen.
Printed in Slovenia by Florjancic.

ISBN 978-3-8425-2074-5

Besuchen Sie uns im Internet
und entdecken Sie die Vielfalt
unseres Verlagsprogramms:
www.silberburg.de

Inhalt

Grußwort

»Viele Bücher, zusammengefasst in einem, und jedes auf seine Art spannend«, so möchte ich das Vorwort beginnen.

Vor Ihnen liegt ein Geschichtsbuch, ein Eisenbahnbuch, ein Heimatkundebuch, ein Buch über Botanik sowie Geologie und ein Buch, das die Augen auch für die kleinen Schönheiten am Wegesrand öffnet. Eine tolle Leistung des Autorenteams Jürgen Schedler und Ulrich Maier, der eine Biologe und Naturschützer, der andere Historiker und Landeskundler. Sie sind in Heilbronn am Neckar groß geworden, waren Klassenkameraden und sind gefühlt jeden Meter des baden-württembergischen Heimatstromes abgewandert. Jede Menge Herzblut haben die beiden Autoren investiert, um den Neckar, seine Bedeutung, die ihn begleitenden Schienenwege, seine Schönheit und seine Einzigartigkeit zu beleuchten.

So fährt die Bahn im oberen Neckartal streckenweise durch Landschaften, in denen es keine Straße gibt, sogar durch Naturschutzgebiete. Im Verdichtungsraum Stuttgart fährt der Zug an den Autostaus vorbei. Im unteren Neckartal blickt der Bahnfahrer von der in den Fels gehauenen Strecke über die Häuser und die Bundesstraße hinweg hinunter ins Tal. Im Gegensatz zu den Schnellfahrstrecken, die in Einschnitte, zwischen Lärmschutzwände und in Tunnel führen, ist mit den Regionalbahnen noch ein Landschaftserlebnis verbunden.

Die Bahnstrecke durch das gesamte Neckartal kann man leicht an einem Tag bewältigen. Aber auch kleine Abschnitte in Verbindung mit Ausflügen, Wanderungen zu Fuß oder mit dem Fahrrad oder sogar auf einem Neckarpersonenschiff sind natürlich möglich. So kann Bahnfahren ein umweltfreundlicher und gleichzeitig bildender Landschaftsgenuss sein.

So, wie vor Jahrhunderten Pferde die Neckarschiffe voranbrachten, später war es die Kette in der Flussmitte, an der sich die Schiffe flussaufwärts zogen, so soll das Buch Sie, liebe Leserin, lieber Leser, an den Neckar fesseln. Ein nützlicher Begleiter, der den Neckar für Sie quasi an jedem Kilometer zwischen Quelle und Mündung erlebbar macht.

Viel Vergnügen beim Lesen und später beim Erobern des Flusses, dem die Kelten ehrfurchtsvoll die Attribute »heftig, böse und schnell« attestierten und von dem Mark Twain sinngemäß sagte, die sanfte und friedvolle Schönheit Deutschlands begreife man erst bei einer Floßfahrt den Neckar hinab.

Dem ist auch mehr als 140 Jahre später nichts hinzuzufügen.

Hagen von Ortloff

Mit der Bahn entlang des Neckars – vom Ursprung bis zur Mündung

Dieses Buch ist gedacht als »Bahn-Reiseführer« entlang des Neckars und möchte an Natur und Landschaft, Kultur und Landesgeschichte interessierte Eisenbahnfreunde, umweltbewusste Bahn-, Rad- und Fußwanderer dazu einladen, dem Fluss vom Ursprung bis zur Mündung zu folgen und dabei Sehenswertes rechts und links der Bahngleise kennenzulernen. Mit Vorschlägen für Ausflüge und Touren ist es auch geeignet für die Vorbereitung von Schul-, Vereins- und Betriebsausflügen und Wandertagen, auch für Familien und Individualtouristen. Und nicht zuletzt eignet sich das Buch auch als anregende Lektüre für zu Hause.

Der Neckar ist **der** baden-württembergische Fluss. Wie eine Lebensader fließt er mitten durchs Land, mit einer Länge von 362 Kilometern, durch abwechslungsreiche und unterschiedliche Landschaften, und verliert dabei 617 Höhenmeter. Wer den Fluss erleben will, kann ihn von Stuttgart aus mit dem Schiff oder auf dem Floß befahren wie der wohl berühmteste Passagier Mark Twain im Jahr 1878. Fast die ganze Strecke ist auch per Boot, Kanu oder Kajak befahrbar. Zu Fuß erwandern kann man den Fluss auf dem Neckarsteig, auf dem Neckartal-Radweg ist er »erfahrbar«, mit dem Auto, mit Ausnahme kleinerer Abschnitte, selbstverständlich ebenso. Den Neckar abwärts geschwommen ist auch schon einer, und auf ganzer Länge wurde er schon beflogen. Für beinahe alle diese Fortbewegungsarten gibt es Reiseführer, Streckeninfos und Begleitbücher.

Einen aktuellen »Reiseführer«, der die Bahnfahrt von Schwenningen bis Mannheim beschreibt, gibt es aber bis jetzt nicht. Doch mit dem Zug geht eine Reise entlang des Neckars auch, ganz entspannt, bequem und umweltschonend. Die Bahn fährt fast immer am Neckar entlang und passiert dabei die schönsten Tallandschaften.

Wer sich einen ganzen Tag Zeit nimmt, kann in einer von wenigen Umstiegen unterbrochenen Reise die gesamte etwa 315 Kilometer lange Bahnstrecke in etwa sechs Stunden befahren. Wie in einem Film erlebt der Bahnreisende die vorbeiziehende Landschaft mit ihren Naturschönheiten, romantischen Burgen und Schlössern, beschaulichen Dörfern, historischen Städten, Siedlungs- und Industriezentren und Hafenanlagen. Noch schöner ist es, wenn man sich dazu ein paar Tage Zeit lässt oder sich nacheinander einzelne Etappen vornimmt und in aller Ruhe mit kurzen Radtouren, Wanderungen und Stadtbesichtigungen kombiniert.

Jürgen Schedler und Ulrich Maier

Von Schwenningen nach Rottweil

WO DER NECKAR ENTSPRINGT

Sei' Erbtoal kriegt r halb ond halb
Vom Schwaarzwald ond vo'r Raue'-n-Alb (…)
mit oam Woat gsait: r isch e' guater
ond regelreachter Schwob!
(Sebastian Blau, Dr Necker)

Villingen-Schwenningen hat zwei Stadtbahnhöfe. Einer steht in Villingen-Schwenningen-Villingen, der andere in Villingen-Schwenningen-Schwenningen. Beide liegen keine drei Kilometer voneinander entfernt – Luftlinie. Wie kommt es zu diesen seltsamen Teilortbezeichnungen und zu dieser merkwürdigen Situation zweier Bahnhöfe so nah beieinander?

Villingen war eine badische Stadt mit dem Bahnhof der Badischen Schwarzwaldbahn von Offenburg nach Konstanz, Schwenningen eine württembergische,

In Schwenningen beginnt die Fahrt vom Ursprung des Neckars bis zu seiner Mündung mit dem 3er-Ringzug.

Links: Schild von der alten badisch-württembergischen Grenze zwischen Villingen und Schwenningen. Rechts: Denkmalgeschütztes Stellwerk von 1869 am Schwenninger Bahnhof.

mit dem Bahnhof an der württembergischen Strecke und Anschluss ans badische Schienennetz. Die Landesgrenze verlief bis zum Zusammenschluss der Länder Württemberg-Baden, Baden und Württemberg-Hohenzollern 1952 zwischen beiden Städten hindurch. Seit der Gemeindereform 1972 bilden beide zusammen aber »grenzüberschreitend« die Stadtgemeinde Villingen-Schwenningen, die folgerichtig mit dem Markennamen »Die Baden-Württemberg-Stadt« für sich wirbt.

In den Herzen der Villinger und Schwenninger scheint diese Eintracht aber noch nicht ganz angekommen zu sein. Die Villinger fühlen tief in ihrem Innern badisch, die Schwenninger württembergisch. Die Kirchengemeinden gehören auch heute noch unterschiedlichen Landeskirchen an: Die Villinger Katholiken werden vom Freiburger Erzbischof gesegnet, die Schwenninger vom Bischof von Rottenburg/Stuttgart. Der Neckar scheint sich aber für Schwenningen entschieden zu haben, denn seine Quelle liegt eindeutig auf württembergischem Terrain.

Bevor die eigentliche Neckarreise flussabwärts im württembergisch-schwäbischen Schwenningen beginnt, lohnt sich ein Abstecher nach Baden, in die fast noch intakte historische Innenstadt Villingens, das im Jahre 1119 von den Herzögen von Zähringen gegründet wurde. Malerische Tortürme begrenzten einst den Stadtkern, erhalten sind der Romäusturm und der Bickenturm am Ende der Bickenstraße, über die man das Alte Rathaus, das Münster und etwas weiter südöstlich das Franziskanermuseum erreicht.

Villingen wurde erst zu Beginn des 19. Jahrhunderts badisch. Davor gehörte die Stadt fast 500 Jahre lang zum habsburgischen Vorderösterreich und wurde

Neckarursprung im Schwenninger Moos.

von Innsbruck und Wien aus regiert. Noch früher gehörte Villingen zum Herzogtum Schwaben. Genau genommen hat die Stadt also ihre Wurzeln ebenfalls in Schwaben – wie Schwenningen, das bereits Mitte des 15. Jahrhunderts württembergisch wurde und württembergisch blieb bis zum Zusammenschluss der beiden Länder zu einem Bundesland. Und genau da, wo die badisch-württembergische Besonderheit bis heute besonders ausgeprägt wahrgenommen wird, hat der Neckar seinen Ursprung.

Am Bahnhof ···⫶ **Schwenningen** beginnt deshalb auch die erste Etappe der Bahnreise entlang des Neckars. Wer mit dem Auto anreist, nimmt die Autobahnausfahrt Villingen-Schwenningen-Schwenningen und kann nach kurzer Anfahrt seinen Wagen auf einem der großen Parkplätze rund um das Stadion des Eishockeyclubs *Wild Wings* abstellen, wo ganz in der Nähe ein Fußweg ins *Schwenninger Moos* abgeht. Informationstafeln an den Parkplätzen weisen die Richtung.

Die Baar und das Schwenninger Moos

Baar leitet sich ab von »bara«, was so viel wie Sumpf- oder Sumpfquellenland bedeutet. Die von Quellen durchsetzte Hochmulde auf der Europäischen Wasserscheide zwischen Schwäbischer Alb und Schwarzwald ist von nach der letzten

Eiszeit entstandenen Mooren geprägt. Das größte und bekannteste ist das *Schwenninger Moos*. Die Wasserscheide trennt auch Schwenningen von Villingen.

Man kann es sich angesichts der Idylle der urigen Landschaft kaum vorstellen: Hier herrschte einst emsige Betriebsamkeit, denn seit 1748 wurde hier Torf abgebaut, kurzzeitig sogar nach den beiden Weltkriegen, um ihn getrocknet zu verheizen, beispielsweise in der ehemaligen Saline Wilhelmshall-Schwenningen, die von 1822 bis 1865 in Betrieb war. Die alten Torfstiche sind inzwischen mit Wasser gefüllt. Einer davon, Moosweiher genannt, hat seinen Überlauf nach Norden und bildet den jungen Neckar, der das Wasser Rhein und Nordsee zuführt. Die südlichen Teile entwässern über die Brigach zur Donau und damit zum Schwarzen Meer. 1939 wurde das Moos als Naturschutzgebiet geschützt, 1985 erfolgte seine Vergrößerung, Ende des 20. Jahrhunderts wurde mit der Renaturierung und Wiedervernässung des Moors begonnen. Tafeln in einem kleinen Informationspavillon berichten über die Entstehung des *Schwenninger Mooses* und seine Tier- und Pflanzenwelt. Für den Rundweg braucht man etwa eine Stunde. Ein kleiner Teil der Schwenninger Gemarkung zusammen mit dem Naturschutzgebiet Schwenninger Moos ist gerade noch im nordöstlichen Zipfel des Naturparks Südschwarzwald gelegen.

Neckarquelle im Stadtpark von Schwenningen.

Hier also soll der Neckar seinen *Ursprung* nehmen (Quellhöhe 705 m ü. NHN), wie ein schön geschnitztes Schild verkündet, und wenige Minuten später steht der Wanderer am Ufer eines idyllischen Moorsees. Befestigte Wege führen hinein in eine ursprüngliche Landschaft mit hohem Sumpfgras, Schilf und knorrigen Weiden. Sowohl der Neckarsteig als auch der Neckartal-Radweg nehmen hier ihren Ausgang.

Aber die Neckarquelle ist das nicht, da muss man sich an den Sportanlagen vorbei über eine belebte Straßenkreuzung in den Stadtpark Möglingshöhe aufmachen, etwa eine Viertelstunde zu Fuß. Eine schöne Promenade führt durch den Park bis zum Schwenninger Bahnhof, und auf dem Weg dorthin kann man die Neckarquelle gar nicht verfehlen.

Breite Fuß- und Radwege ziehen sich durch das Gelände der ehemaligen Landesgartenschau (2010), aus deren Anlass auf einstiger Bahn- und Industriebrache ein neuer Neckarlauf gestaltet wurde, mit Wiesen und hohen Laubbäumen, und bald schiebt sich die modern gestaltete Anlage der Neckarquelle ins Blickfeld.

Aus einer langgezogenen, etwas nüchtern-kahlen Betonwand plätschert der künftige Neckar in einem kleinen Wasserfall in eine sauber gefasste schmale Rinne, die sich nach fünfzig Metern in ein rechteckiges Seebecken ergießt. Informationstafeln erklären, weshalb man ausgerechnet hier die Neckarquelle verortet hat, geben Auskunft über die Länge und die hydrographischen Besonderheiten des baden-württembergischsten aller Flüsse, der hier an der Grenze zwischen

Uhrenindustriemuseum Schwenningen.

Schwenningen nannte sich einst »Größte Uhrenstadt der Welt«.

Baden und Württemberg seinen Lauf nimmt und 362 Kilometer weiter nördlich an der Grenze zum Bundesland Rheinland-Pfalz im badischen Mannheim in den Rhein fließt, nachdem er kurz davor, bei Neckarsteinach, für einige Kilometer seinen Weg durch Hessen genommen hat.

Auch dass der Neckar mit seinen 16 Grad Durchschnittstemperatur der wärmste Fluss Deutschlands ist, erfährt man da, und dass genau an dieser Stelle im Jahre 1583 Herzog Ludwig von Württemberg einen Stein mit der Inschrift errichten ließ: »Da ist des Neccars Ursprung.« Ob der Herzog von der Besonderheit des *Schwenninger Mooses* gewusst hat?

Uhrenstadt Schwenningen

Schwenningen entwickelte sich im 19. Jahrhundert von einer bescheiden ländlichen Gemeinde zu einem Schwerpunkt der Uhrenindustrie. Erst 1913 wurde das mit 13 000 Einwohnern größte Dorf Württembergs zur Stadt erhoben. Weltfirmen wie *Mauthe*, *Kienzle* und *Bürk* hatten hier ihren Sitz. Mitte des 20. Jahrhunderts nannte sich Schwenningen stolz *größte Uhrenstadt der Welt*. Heute erinnern an die einstige Bedeutung ein *Heimat- und Uhrenmuseum* und ein *Uhrenindustriemuseum* in den Gebäuden der ehemaligen Firma *Bürk*.

Sott ma' s glaube, schla me s Blechle,
dass des wenzig, wonzig Bächle
mol en Necker geit?
(Sebastian Blau, Dr Necker)

Nach der Neckarquelle führt der Weg bald darauf aus dem Stadtpark hinaus. Auf einer Fußgänger- und Radfahrerbrücke überquert man die Bahnlinie, hält sich links und erreicht parallel zu den Geleisen nach einer Viertelstunde den Ausgangspunkt der Bahnfahrt entlang des Neckars, den zeitgemäß gestalteten Schwenninger Bahnhof (693 m ü. NHN). Ein denkmalgeschütztes Stellwerkgebäude von 1869 erinnert noch an seinen Vorgänger.

Wir verlassen Schwenningen im Dieseltriebwagen des 3er-Ringzugs auf dem Abschnitt der *Oberen Neckarbahn*, der 1869 als letzter dieser von Plochingen ausgehenden Schienenstrecke fertiggestellt wurde. Heute bezeichnet man den Abschnitt bis Rottweil als *Alemannenbahn*.

Es geht zunächst durch Industriezonen Haltepunkt ⤳ **VS-Hammerstatt** und Schrebergärten, über die Hochebene der Baar, an dunklen Nadelwäldern vorbei

Das Jugendstilrathaus in Trossingen zeugt vom einstigen Wohlstand der Kleinstadt.

Eisenbahnmuseum in Trossingen.

zum ⇢ **Bahnhof Trossingen**, der zur Überraschung mancher Bahntouristen mitten in der Landschaft steht.

Von der Musikstadt mit Hochschule, Museen und der Weltfirma *Hohner* weit und breit keine Spur. Das ist der sogenannte *Bahnhof Trossingen*, früher *Staatsbahnhof* genannt. Von hier führt eine eigene Bahnlinie der *Trossinger Eisenbahn* vier Kilometer in östlicher Richtung zum *Stadtbahnhof Trossingen,* an den ein kleines Eisenbahnmuseum angeschlossen ist.

Musikstadt Trossingen

Mitte des 19. Jahrhunderts wurde Trossingen zum Mittelpunkt der Harmonika-industrie, die vor dem Zweiten Weltkrieg über 5000 Arbeiter beschäftigte. Größter Arbeitgeber war die Weltfirma *Hohner* mit ihrer Mundharmonika- und Akkordeon-Produktion. Das Deutsche *Harmonika-Museum* im Areal der Firma *Hohner* erinnert heute an die Bedeutung dieses Industriezweigs für die ganze Region. Die *Staatliche Hochschule für Musik Trossingen* hat ihren Schwerpunkt in den Bereichen Alte Musik, Kirchenmusik und Schulmusik und beherbergt heute auch das innovative Landeszentrum Musik-Design-Performance. Weltbekannt wurde Trossingen auch in Archäologenkreisen durch das Trossinger *Leiergrab*. In einem Grab aus der Alamannenzeit fand man ein Saiteninstrument, das heute im *Archäologischen Landesmuseum* in Konstanz zu sehen ist. Im Museum *Auberlehaus* in Trossingen wird ein Nachbau des Grabs mit einer Nachbildung der Leier gezeigt. Weiterer Schwerpunkt des Museums sind die Saurierfunde in Trossingen.

Links: Saurier vor dem Trossinger Heimatmuseum, dem »Auberlehaus«. Rechts: Die »Trossinger Leier« stammt aus einem Alamannengrab des 6. Jahrhunderts. Das Original wird im Archäologischen Landesmuseum in Konstanz gezeigt, eine Nachbildung im Heimatmuseum Trossingen.

Für einpendelnde Arbeiter wurde die Stichstrecke zum ehemaligen *Staatsbahnhof* Ende des 19. Jahrhunderts gebaut, da sich Trossingen beim Bau der Staatsbahn »links liegen gelassen« fühlte. Im Jahre 1898 eröffnet, zählte sie in Württemberg zu den ersten elektrifizierten Bahnstrecken und wurde durch ein eigenes Elektrizitätswerk mit Strom versorgt. Bis 2003 wurde die *Trossinger Eisenbahn* von der Stadt Trossingen betrieben. Inzwischen ist sie in den *Ringzug* integriert (*KBS 742.1*), der seit 2003 als modernes Schienennahverkehrsmittel unter der Betriebsführung der *Hohenzollerischen Landesbahn AG* (HzL) viele Orte der Region verbindet.

Wenige hundert Meter westlich des Bahnhofs Trossingen verläuft der Neckar als kleines Bächlein in der weichen Gipskeuperlandschaft zwischen Wiesen und Auenwald. Hier beginnt eine der schönsten Wanderungen am oberen Neckar, die *Paradiestour Neckartäle*. Sie macht ihrem Namen alle Ehre und stellt einen kleinen Teilabschnitt des großen Neckartal-Wanderwegs vom Ursprung bis zur Mündung dar. Wer gerne wandert und den Neckar als lustig dahinplätscherndes Bächlein erleben möchte, dem sei diese kurze abwechslungsreiche Wanderung wärmstens empfohlen.

Der Neckar findet, gesäumt von Ufergebüsch, in vielen Windungen seinen Weg als schmaler Bachlauf mit glasklarem Wasser, an Felsterrassen alter Steinbrüche vorbei, durch Wälder und Wiesen nach Deißlingen mit einer alten Mühle und einem eindrucksvoll hohen Schaufelrad. Das Mühlrad ist noch in Betrieb. Allerdings wird heute damit nicht mehr Korn gemahlen, sondern Strom erzeugt. Gleich daneben lädt der urige Biergarten des Gasthofs Bären zu einer Rast ein.

Ein Wanderschild weist uns darauf hin, dass hier der Neckartal-Wanderweg auf den *Waldenser- und Hugenottenpfad* trifft, auf dem Ende des 17. Jahrhunderts die aus Südfrankreich vertriebenen Protestanten auf der Suche nach einer neuen Heimat nach Württemberg einwanderten. Frauen, Kinder und Gebrechliche transportierte man auf dem Rhein bis in die Gegend von Karlsruhe. Die Männer zogen zu Fuß am Neckar entlang bis Horb, dann zur Nagold und am Rand des Schwarzwalds weiter bis in die Gegend um Mühlacker, wo noch heute französische Ortsnamen wie Perouse, Corres oder Serres an die einstigen Ortsgründer aus den Alpentälern im Grenzgebiet von Frankreich und Italien erinnern.

In Deißlingen siedelten schon die Römer, wie eine römische Badanlage unter der katholischen Kirche bezeugt. Auch alamannische Gräber aus dem 6. Jahrhundert fand man hier. Das Dorf liegt auch an der deutschen Uhrenstraße und präsentiert in seinem Rathaus eine *uhrenkundliche Dauerausstellung*.

Wandertipp: Vom »Staatsbahnhof« Trossingen durch das »Neckartäle« nach Deißlingen

Beim DB-Bahnhof Trossingen beginnt die *Paradiestour Neckartäle*. Eine Orientierungstafel mit der Karte des Wegverlaufs steht wenige Meter vom Bahnhof entfernt an einem Parkplatz. Der idyllische Wanderweg, ein Teilstück des Neckarwegs, führt gut beschildert durch das Tal des jungen Neckars zum acht Kilometer entfernten Bahnhof Deißlingen.

Paradiestour Neckartäle am jungen Neckar.

Der Weg verläuft zunächst entlang der Bahnlinie in nördlicher Richtung bis zu einer Brücke, die man überqueren muss. Über die Kreisstraße 5542 erreicht man in westlicher Richtung nach wenigen hundert Metern den Einstieg ins Neckartäle beim Wanderparkplatz *Talmühle*. Der Wanderweg führt nun entlang des Flusslaufs durch Wälder und Wiesen nach Deißlingen. Kurz davor überquert die A81 auf einer hohen Brücke das Neckartal. Wir folgen dem Neckar bis in die Ortsmitte und folgen der Kirchbergstraße, wo rechts neben der B27 der Bedarfshalt Deißlingen ins Blickfeld rückt.

Wer weiter bis nach Rottweil wandern möchte (zusätzlich ca. zwei Stunden, 7 km von Deißlingen aus), geht von der Ortsmitte ein Stück der Dorfstraße in Richtung Lauffen ob Rottweil entlang und biegt kurz vor dem Ortsende nach links zum *Eckhof* ab, der sich im Eschachtal befindet. Ein schöner Weg führt bis zur Einmündung der Eschach in den Neckar und weiter über den Vorort Bühlingen in die Altstadt von Rottweil.

Deißlingen ist die erste Gemeinde, die der junge Neckar sichtbar durchzieht. Sieben Brücken führen auf Ortsgebiet über das schmale Flüsschen. Am Bahnhof ⤑ **Deißlingen** (Bedarfshalt) kann der Zug wieder bestiegen werden, der uns entlang des Neckars nach Rottweil bringt. Wir haben nun die landschaftliche Wiege des Neckars, die Baar, verlassen und gelangen in die Gäulandschaft, die vom hellen Muschelkalk geprägt ist, aus dem die Bausteine mancher Gebäude bestehen, z. B. die der alten Neckarbrücke oder der Kirche *St. Laurentius* in Deißlingen. Die mächtigen Schichten des Muschelkalks ziehen sich von der Baar über Korngäu, Heckengäu, Strohgäu, den Kraichgau bis zum Taubergrund. Unter ihnen lagert das Salz der Urmeere. Deshalb finden sich von Bad Dürrheim

In Deißlingen stößt der »Neckarweg« auf den »Hugenotten- und Waldenserpfad«.

Alte Neckarmühle in Deißlingen.

über Rottweil und Sulz bis hinunter nach Bad Friedrichshall immer wieder Salinen und Salzbergwerke.

Zwischen Deißlingen (600 m ü. NHN) und dem Rottweiler Bahnhof (563 m ü. NHN) fällt der Neckar auf wenigen Kilometern um über dreißig Meter. Von den *Laufen*, einer alten Bezeichnung für einen ehemals vier Meter hohen Wasserfall bzw. eine Stromschnelle, hat das Dorf Lauffen ob Rottweil seinen Namen bekommen.

Zwischen Lauffen und Bühlingen mündet die Eschach in den Neckar und führt ihm eine Menge Wasser zu. Die Eschach ist um einiges länger als der hier bei Bühlingen zufließende Neckar, und eigentlich müsste auf Grund dessen der Fluss nach der Einmündung nicht *Neckar*, sondern *Eschach* heißen, und so bereits nach wenigen Kilometern seinen stolzen Namen aufgeben. Aber schon Kelten und Römer nannten den Flussverlauf *Neckar*. *Neckar* ist ein keltisches Wort, das die Römer übernommen haben (*Nicer*), und bedeutet so viel wie der »schwarze Fluss«.

Die Eisenbahn fährt an Lauffen vorbei. Die Streckenführung entfernt sich ein wenig vom Neckar, macht nun einen kleinen Bogen nach Norden und erreicht das Tal der Prim, aus dem von rechts die Hauptstrecke der Gäubahn aus Singen heraufführt. Parallel mit dieser wird die B14 unterfahren, dann sieht man rechts die Reste der Bogenbrücke, auf der bis 1971 die Züge über Schömberg nach Balingen fuhren. Sogleich folgt der Haltepunkt ⋯⫶ **Rottweil-Saline** (Bedarfshalt). Rechts im Primtal sieht man die noch erhalten gebliebenen Gebäude der ehemaligen

Waggons der Eisenbahnfreunde Zollernbahn e. V. (EFZ) in Rottweil.

Saline Wilhelmshall: einen Sole-Rundbehälter und das Pumpenhaus, heute Salinenmuseum. Die eigentlichen Salinengebäude mit Siedehäusern und Schloten standen bis 1969 auf der Anhöhe zwischen Prim- und Neckartal unweit des Klosters Rottenmünster.

Die Saline leitete Friedrich von Alberti, der zuvor an der Saline in Sulz am Neckar tätig war. Danach hat er dann die Aufsicht beim Bau der Saline Friedrichshall in Jagstfeld übernommen und leitete die Salz-Bohrungen in Schwenningen und Dürrheim. Sein Name ist eng verbunden mit der Erschließung der württembergischen Salzvorkommen. Heute ist das ehemalige Salinengelände ein Gewerbegebiet.

Die Schienen queren den Neckar, gleich neben der Brücke rechts mündet die Prim ein, in einem Bogen Richtung Westen fahren wir in den Bahnhof ┅┊ **Rottweil** ein, die höher gelegene Altstadt vor uns.

An den vielen Gleisen, auch längst mit Gras überwachsenen, erkennt der Bahnkenner sogleich, dass dieser Bahnhof einmal große Bedeutung gehabt haben muss. Diese bekam er 1869 nach Fertigstellung der Anschlüsse an die Badische Bahn in Villingen und bei Tuttlingen. Damit wurde vom damaligen Königreich Württemberg aus auch die Schweiz mit der Bahn erreichbar, der Bahnhof entwickelte sich zum Knotenpunkt für Verkehr und Wirtschaft am oberen Neckar. Hier wurde ein Bahnbetriebswerk mit Reparaturwerkstätten, Ringlokschuppen, Kohlenlager, Verladerampen, Abstellgleisen und Dienstwohnungen gebaut. Bis zur Elektrifizierung Mitte der 1970er Jahre war Rottweil ein Mekka der Dampflokomotivfreunde. Hier befindet sich heute der Sitz der Eisenbahnfreunde Zollernbahn e. V. (EFZ).

ROTTWEIL, STADT DER TÜRME, ÄLTESTE STADT BADEN-WÜRTTEMBERGS UND HOCHBURG DER SCHWÄBISCH-ALEMANNISCHEN FASNACHT

Ond en Rottweil macht r schao'
a' dr eeste' Mühlebruck
als Athlet sei' Gselle'stuck.
(Sebastian Blau, Dr Necker)

Wer in Rottweil die Fahrt unterbricht, um eine der schönsten Städte am oberen Neckar kennenzulernen, hat eine gute Entscheidung getroffen. Über die *Bahnhofstraße* entlang der Anlagen über dem Neckar kommt man zu Fuß in gut zehn Minuten in die Innenstadt. An der Hochbrücke, die den südlichen Stadtgraben als Teil der ehemaligen Stadtbefestigung überspannt, beginnt sie. Beide Seiten der *Hochbrückenstraße* werden von alten Bürgerhäusern mit geschnitzten und bunt bemalten Hauserkern gesäumt.

Narrenhochburg Rottweil, geschnitzter Hauserker mit Rottweiler Narrenmasken.

Oben: Im Dominikanermuseum werden Funde aus dem römischen Rottweil gezeigt. Unten: Charakteristisch für die Rottweiler Bürgerhäuser sind die Dachgauben der Handelshäuser für die Warenaufzüge.

Die Bronzeskulptur vor dem Rottweiler Stadtmuseum erinnert an die Hunderasse, deren Name mit dem der Stadt verbunden ist.

Beim Marktbrunnen ist die *Hauptstraße* erreicht, die mit ihrer großzügigen Breite eher an einen langgestreckten, nach Osten abfallenden Platz erinnert und majestätisch von dem massigen Turm des *Schwarzen Tors* an ihrer höchsten Stelle abgeschlossen wird. Die bunten Hausfassaden scheinen ehrfurchtsvoll zurückzuweichen, um Platz zu machen. Das ist die Kulisse des bekannten *Rottweiler Narrensprungs*, eines absoluten Höhepunkts der schwäbisch-alemannischen Fasnacht.

Kurz vor dem Schwarzen Tor stößt man auf die Bronzeskulptur des *Rottweilers*, der an die Hunderasse erinnert, deren Name mit dem der Stadt verbunden

Der 246 m hohe Testturm der Firma Thyssen-Krupp verleiht der »Stadt der Türme« einen neuen Akzent.

ist. Er scheint das Stadtmuseum zu bewachen und blickt aufmerksam auf das Treiben in der Hauptstraße. Seine Nasenspitze ist durch die vielen liebevollen Berührungen goldfarbig glänzend geworden. Im *Fasnetsstüble* des Stadtmuseums erhält der Besucher Einblicke in die Geschichte und die Hintergründe der Rottweiler Fasnet.

Die prächtigen Bürgerhäuser, die Prestigebauten wie das Rathaus und das Heilig-Kreuz-Münster zeugen vom Reichtum der einst selbständigen Reichsstadt mit eigenem Territorium. Es war der Handel, der Rottweil groß gemacht hat. Besonders eng waren im 15. Jahrhundert die Verbindungen zur Schweiz, denn die Stadt lag an der *Schweizer Straße*, einer wichtigen Handelslinie.

1463 schloss sich Rottweil als *zugewandter Ort* der Schweizer Eidgenossenschaft an und kämpfte gemeinsam mit ihr 1476 in der Schlacht bei Murten gegen Karl den Kühnen, den König von Burgund, dem die Schweizer – und mit ihnen die Rottweiler – eine vernichtende Niederlage beibrachten. 1519 schloss Rottweil einen *Ewigen Bund* mit der Schweiz, der bis heute nicht aufgekündigt wurde, aber politisch bald keine Rolle mehr spielte. Die Figur des *Eidgenossen* auf dem Marktbrunnen erinnert noch heute an die einstige Nähe zur Schweiz.

Vor dem *Schwarzen Tor* zweigt die *Oberamteigasse* rechter Hand zum Münster ab, von dem man über die *Bruderschaftsgasse* das *Dominikanermuseum* erreicht, in dem an das römische Rottweil erinnert wird.

Rottweil nennt sich wegen seiner Kirch- und Befestigungstürme seit jeher auch *Stadt der Türme*, was durch den im Jahre 2017 fertiggestellten Aufzugs-Testturm der Firma Thyssen-Krupp eine neue Bedeutung angenommen hat. Die bekannten Architekten Helmut Jahn und Werner Sobek haben ihn entworfen. Der Turm ist 246 Meter hoch und besitzt in 232 Metern Höhe eine öffentlich zugängliche Besucherplattform, die höchste in Deutschland, mit grandioser Aussicht auf Schwarzwald und Schwäbische Alb. Er ist höher als der Stuttgarter Fernsehturm. Besonders auffallend ist die Außenhaut des Turms aus spiralförmig angebrachtem Glasfasermaterial, das dem riesigen Bauwerk eine gewisse Leichtigkeit vermittelt.

Arae Flaviae – das römische Rottweil

Arae Flaviae (Die Flavischen Altäre) nannten die Römer ihre Stadt. Der Kaiserkult der Flavier sollte so im ersten nachchristlichen Jahrhundert nach Obergermanien getragen werden. Die Gründung von Arae, wie der Ort verkürzt genannt wurde, im Jahre 73 n. Chr. durch Kaiser Vespasian ist verbürgt. Er war Hauptort einer *Civitas*, was man mit einem Kanton bzw. Landkreis vergleichen könnte. Arae lag am Schnittpunkt der Römerstraße vom Oberrhein durch das Kinzigtal und über den Schwarzwald zum Neckar sowie an der Neckartalstraße. Besonders sehenswert ist das Orpheus-Mosaik im *Dominikanermuseum*, das dort neben anderen Fundstücken aus der Römerzeit gezeigt wird.

Von Rottweil nach Horb

DER NECKAR FORMT DIE LANDSCHAFT –
NATURSCHUTZGEBIET NECKARBURG

Etz schwitisiert r s Täle ra,
etz ist r uf dr Walz,
ond wenn r kö't, no feng r a'
ond säng aus voolem Hals!
(Sebastian Blau, Dr Necker)

Mit der Einmündung der Eschach oberhalb von Rottweil hat der Neckar gewaltig an Wassermenge zugenommen. Ab hier war er auch für die Menschen am Fluss als Transportweg interessant – bis vor hundert Jahren beispielsweise für die Flößerei, den Abtransport des Stammholzes aus dem Schwarzwald, das bis nach Holland geflößt wurde.

Neckarsteig und Neckartal-Radweg führen über die gedeckte Holzbrücke bei der Neckarburg.

Neuer Triebwagen im neuen Landeslayout.
Man erkennt das fehlende zweite Gleis.

Schon in der Römerzeit wurde am unteren Neckar Holz geflößt. Auf dem oberen Neckar mussten dafür erst die Voraussetzungen geschaffen werden. Aber bereits Mitte des 18. Jahrhunderts regelten die Anrainerstaaten des Neckars, Österreich (Vorderösterreich), Württemberg und die Reichsstadt Esslingen, die Flößerei auf dem Neckar per Vertrag. Geflößt wurde von März bis Juli und von September bis November, wenn der Neckar genug Wasser hatte. Nicht nur für Fachwerkhäuser in Städten und Dörfern wurde Holz gebraucht. Auch für den Bau des Ludwigsburger Schlosses zu Beginn des 18. Jahrhunderts wurde es aus dem Schwarzwald über Enz und Neckar auf Flößen herbeigeschafft.

Als der Neckar oberhalb der Einmündung von Kocher und Jagst zu Beginn des 19. Jahrhunderts ganz württembergisch wurde, baute man 1828/29 eine 42 Kilometer lange *Floßstraße* von Rottweil nach Sulz. Der Neckar wurde *flößbar* gemacht, regelmäßig von Steinen, Kies und Geröll geräumt und die Flusssohle vertieft, um die Fließgeschwindigkeit zu regulieren. An manchen Stellen musste er auch begradigt und das Ufer mit Faschinen (Flechtwerk), Holzbohlen und Steinmauern befestigt werden. An den Stauwehren entstanden für die Passage der Flöße Floßgassen. Anlandestellen, Einbindestellen und Schwelleinrichtungen veränderten außerdem seinen freien Lauf, der seit Urzeiten die Landschaft geformt, Täler ausgewaschen, Berghänge modelliert und Talauen geschaffen hatte. Das wird besonders deutlich an seinem Teilstück zwischen Rottweil und Horb, zum Beispiel im Naturschutzgebiet *Neckarburg*, gleich hinter Rottweil.

In Rottweil besteigen wir einen Regionalexpress. Die meisten Fahrgäste reisen auf der *Oberen Neckarbahn*, die nunmehr als *Gäubahn* bezeichnet wird, bis nach Stuttgart. Wir fahren nur bis Horb. Auf diesem Abschnitt hält der Zug nur in Oberndorf und Sulz. Es werden fünf Tunnel durchfahren, vier Mal wird der Neckar überquert, was darauf hinweist, dass wir es mit einer aufregenden Landschaft zu tun haben.

Kurz nachdem der Zug den Bahnhof Rottweil verlassen hat, fährt er in den Tunnel durch den *Kaltenberg* ein. Nachdem es wieder hell geworden ist, fühlt sich der Reisende in eine völlig andere Welt und in eine frühere Zeit versetzt. Die Häuser Rottweils sind verschwunden, und eine ursprünglich anmutende, vom Fluss geschaffene Szenerie tut sich auf: Talaue mit Fettwiesen und Silberweiden, an den Hängen Heidelandschaft, zwischen Baumkronen auf einem schmalen Bergkegel versteckt alte Gemäuer aus hellem Muschelkalk.

Die Bahn durchfährt jetzt das Neckartal bei der Neckarburg, eine eindrucksvolle Landschaft, die von zwei Umlaufbergen geprägt ist. An manchen Stellen mehr als 150 Meter tief hat sich hier der obere Neckar in den Muschelkalk eingegraben. Die Härte des Gesteins zwang ihn dazu, immer wieder auszuweichen und Flussschlingen zu bilden. Irgendwann einmal ist so eine Flussschlinge schließlich durchgebrochen und hat einen sogenannten Umlaufberg gebildet.

Bei der Neckarburg hat der Neckar schon vor Urzeiten zunächst den südlichen Mäanderbogen geschaffen mit dem *Bergle* in der Mitte. Dann hat er sich wieder anders entschieden, nach einer Abkürzung gesucht und eine etwa 25 Meter tiefere Schlinge um den *Schlossberg* gegraben. Diese durchfließt er heute, während die andere seit langer Zeit trockenliegt.

Linker Hand fällt der Blick auf das ehemalige Steilufer des nach der Eiszeit reißenden Urstromes. Der *Prallhang*, wie man die Uferseite nennt, auf die das Wasser einst mit voller Wucht auftraf, trägt heute eine Wacholderheide, ebenso der westlich des Flusses liegende Umlaufberg *Bergle*. Rechts ragt der stumpfe Kegel des Schlossbergs mit der zerfallenen Neckarburg empor, deren Mauern durch das Laub der Bäume spicken. Die Anfänge der verwunschenen Burgruine reichen bis ins 8. Jahrhundert zurück.

Nahe dem *Bergle* liegt das Hofgut *Neckarburg*, wo ein Wanderparkplatz mit Informationstafeln über Flora und Fauna dazu einlädt, dieses kleine Paradies, das seit 1988 als Naturschutzgebiet ausgewiesen ist, wandernd zu erkunden.

Die linksseitigen Uferhänge der ehemaligen Flussschlinge werden heute wie ehedem durch Beweidung mit Schafen und Ziegen freigehalten. Seltene Pflanzen wie Silberdistel, Fliegenragwurz oder Pyramidenorchis und die typische Tierwelt der Wacholderheide mit Zauneidechsen, Schlingnattern und Neuntötern bevölkern dieses Kleinod, das tief unter der Autobahnbrücke liegt, über die irgendwo hoch droben – von unten nicht hörbar – der Verkehr der A81 strömt, vorbei an der

Im Vordergrund der Umlaufberg »Bergle«, im Hintergrund der »Schlossberg« mit der Ruine der Neckarburg.

Autobahnraststätte mit dem Namen *Neckarburg*. Viele Autofahrer ahnen nicht, welches Landschaftsidyll sich tief unter der Brücke verbirgt.

Wer den Schlossberg umwandert, stößt bei der *Zwiehalde* auf die hoch aufragenden Steilfelsen des östlichen Prallhangs des Neckars. Über ihnen baut sich ein Laubmischwald auf mit Sommerlinde, Berg-Ahorn und Berg-Ulme. Besonders schön ist die Wanderung im Herbst, wenn sich das Laub zu verfärben beginnt. In den Nischen der Felswände wachsen seltene Gräser, die sonst vor allem im östlichen Mittelmeergebiet zu finden sind.

Naturschutzgebiet Neckarburg

Die beiden Umlaufberge *Schlossberg* mit der Ruine der uralten Neckarburg und *Bergle*, mitten in einer Wacholderheide gelegen, prägen die Flusslandschaft des Naturschutzgebiets. Am Prallhang und auf dem *Bergle* hat sich eine Wacholderheide gebildet, auf der die typische Flora der Neckarburg gedeiht. Auf einem schmalen Sträßchen kann man von Rottweil zu einem Wanderparkplatz kurz vor dem Hofgut hinunterfahren. Dort findet man Informationstafeln mit

In das ehemalige Klostergebäude der Augustiner in Oberndorf, das heutige Rathaus, zog Anfang des 19. Jahrhunderts die Königlich Württembergische Gewehrfabrik ein.

Vorschlägen zu einem aussichtsreichen Rundweg und Hinweisen auf die seltene Pflanzen- und Tierwelt des Naturschutzgebiets. Seltene Orchideenarten, Eidechsen und Schmetterlinge lassen sich hier beobachten. Ein Weg führt zur Ruine der Neckarburg hinauf. Gleich unter dem Schlossberg überquert der *Neckarsteig* auf einer gedeckten Holzbrücke den jungen Neckar, der diese Landschaft vor Urzeiten geschaffen hat. 1988 wurde dieses 64 ha große Gelände zum Naturschutzgebiet erklärt – zur Erhaltung dieses einzigartigen erd- und landschaftsgeschichtlichen Zeugnisses.

Kerzengerade führt die Bahn mitten durch das Naturschutzgebiet zwischen den beiden Umlaufbergen hindurch, passiert anschließend das rechts liegende Wasserwerk *Neckarburg* und begleitet dann den mäandernden Fluss weiter, einmal auf der rechten, einmal auf der linken Talseite. Bald erscheint links die Ruine *Hohenstein*, bevor die Bahnlinie wieder die Talseite wechselt.

Kurz vor Epfendorf mündet die Schlichem ein, ein wilder Fluss, der von der Schwäbischen Alb herunterkommt und sich im Laufe von Jahrtausenden ein tiefes Tal durch den Muschelkalk gegraben hat. Oben bei Schömberg hat man sie zu einem See gestaut, um Hochwasserschäden weiter unten im Tal zu vermeiden und nebenbei noch in einem Wasserkraftwerk Strom zu gewinnen. Der See dient auch als Naherholungsgebiet und bietet Möglichkeiten für den Wassersport.

Das Naturschutzgebiet *Schlichemtal* ist das größte des Landkreises Rottweil. Zwei Kilometer von Epfendorf entfernt liegt die *Schlichemklamm* mit ihren beeindruckenden Wasserfällen, Kaskaden und Katarakten, die man auf einem schönen Wanderweg von Epfendorf aus besuchen kann. Sie entstand, als die Schlichem sich bei einem Umlaufberg eine Abkürzung suchte, durchbrach und infolge eines Gefällegewinns von zehn Metern an Kraft gewann, um sich noch tiefer in das Gestein einzuschneiden.

Wenn der Zug Epfendorf durchfahren hat, grüßt vom rechten Steiluferhang die Ruine *Schenkenburg*, eine kleine Wohnturmanlage aus dem Hochmittelalter mit einem schönen Blick über das Neckartal. Dann passiert er Altoberndorf mit seinen beiden Naturschutzgebieten *Mittlere Bollerhalde* und *Kälberhalde*. Im Sommer halten Ziegen die Wacholderheide frei.

Hoch über Altoberndorf steht die *Kreuzbergkapelle*, zu der man von Altoberndorf über einen Kreuzweg mit 14 Stationen hinaufwandern und anschließend einen herrlichen Blick hinunter ins Neckartal, zurück nach Epfendorf und hinüber nach Oberndorf genießen kann. Dieses Wahrzeichen von Altoberndorf wurde ursprünglich dem Heiligen Wendelin, später dann Maria geweiht. Das Wegstück ist Teil des *Scheffelwegs*.

Kaum sind die letzten Häuser von Altoberndorf verschwunden, fährt der Zug in den Bahnhof von Oberndorf ein.

Mit dem Rad von Rottweil nach Oberndorf

Das Naturschutzgebiet *Neckarburg* erreicht man sowohl auf dem Neckartal-Radweg als auch wandernd auf dem Neckarsteig. Vom Bahnhof Rottweil führt mit leichter Steigung die Bahnhofstraße zur Altstadt hinauf, die man bei der Hochbrücke über den Stadtgraben erreicht. Hinter der Predigerkirche führt der Neckartal-Radweg durch die *Nägelesgrabenstraße* auf den Radweg der *Oberndorfer Straße*. Nach zwei Kilometern überquert er die B27 und führt auf aussichtsreicher Strecke hinunter ins Neckartal, das bei der Neckarburg erreicht wird. Kurz danach geht es unter der Autobahn hindurch am *Schlossberg* mit der Ruine *Hohenstein* vorbei, immer am Neckar entlang nach Epfendorf mit der Ruine *Schenkenburg* und weiter über Altoberndorf zum Bahnhof in Oberndorf. Gesamtstrecke vom Bahnhof Rottweil zum Bahnhof Oberndorf: 22 Kilometer.

VON DER NARRENHOCHBURG UND WAFFENSCHMIEDE OBERNDORF INS BESCHAULICHE SULZ AM NECKAR

r waalet in de Wiese rom
ond babblet mit de Büsch,
r lachet älle Städtle'-n-a'
ond schnalzget mit de Fisch.
(Sebastian Blau, Dr Necker)

Die Bahn nähert sich Oberndorf von Süden, fährt durch ein kleines Industriegebiet, vorbei an den *Mauser-Werken* und *Rheinmetall-Waffe-Munition*. Bereits von hier kann man die Szenerie der Altstadt überblicken. Unten an Neckar und Bahnlinie erhebt sich neben den spätbarocken Gebäuden des ehemaligen Augustinerklosters, die jetzt als Rathaus dienen, der wuchtige Schwedenbau aus rotem Backstein, der heute ein Waffen- und Heimatmuseum beherbergt. Wenig später erreicht der Zug den ⸱⸱⸱⸱⸱⸱⸱> **Bahnhof Oberndorf**. Um die Altstadt zu besichtigen, muss man ein paar hundert Meter an der Bahn entlang zurückwandern.

Das enge Neckartal hat die Stadt den Uferhang hochwachsen lassen. Schon zur Altstadt muss man tüchtig hinaufsteigen, und die mächtige evangelische

Das spätbarocke Alte Rathaus in Oberndorf

Oberndorfer Narrenbrunnen.

Stadtkirche liegt noch höher. Sie scheint stolz auf die Altstadt herabzublicken. Eingeweiht wurde sie erst 1916. Bis ins 19. Jahrhundert war Oberndorf vorderösterreichisch und damit katholisch. Deshalb gibt es hier auch eine lebendige Fasnachtstradition mit dem *Hansele*, dem *Narro* und dem *Schantele*, die auf dem Narrenbrunnen in der Altstadt dargestellt sind. Die Stadt gehört zum *Viererbund der Fasnet*, zusammen mit Rottweil, Elzach und Überlingen.

Mit den Württembergern kamen die Evangelischen, die zunächst im aufgelösten Augustinerkloster einen Betsaal erhielten, bevor die Kirche oben am Berg erbaut wurde, die heute so dominant das Stadtbild prägt.

Im Kloster hat die neue württembergische Regierung auch eine Königlich Württembergische Gewehrfabrik eingerichtet, aus der die Oberndorfer Rüstungsindustrie mit *Mauser* und *Heckler & Koch* hervorging. Ende des Zweiten Weltkriegs arbeiteten in Oberndorf bei Mauser ca. 7000 Zwangsarbeiter, vorwiegend aus Osteuropa, im Laufe der Jahre des Zweiten Weltkriegs waren insgesamt an die 12 000 Zwangsarbeiter hier im Einsatz. Seit 2007 wird mit einem Mahnmal an ihr Schicksal erinnert.

Ein großer Stadtbrand hat die Stadt 1780 verwüstet, sodass die meisten heutigen Gebäude der Altstadt aus dem frühen 19. Jahrhundert stammen. Auch die katholische *Stadtkirche St. Michael*, deren älteste Baureste bis ins 13. Jahrhundert zurückreichen, ist trotz ihres mittelalterlich anmutenden Äußeren zum großen Teil neueren Datums, der Innenausbau ist vom Jugendstil geprägt.

Die Stadt ist auch der Sitz der weit verbreiteten Regionalzeitung *Schwarzwälder Bote*, an deren Gebäude man unweigerlich vorbeikommt, wenn man zur Altstadt und zur evangelischen Kirche hochsteigt. Von hier oben hat man einen schönen Blick auf die Häuser der Stadt.

Wer die Umgebung der Stadt erkunden will, dem sei der *Panoramarundwanderweg* empfohlen. Er ist ein Teil des *Scheffelwegs*, denn Oberndorf hat auch ein Scheffelhaus, an dem eine Tafel darauf hinweist, dass hier die Mutter von Joseph Victor Scheffel geboren wurde.

Panoramarundwanderweg Oberndorf

Vom Bahnhof geht es talaufwärts durch den Wald hinauf nach Lautenbach. Beim Friedhof erreicht man den *Panoramaweg (Kapellenweg)*, der in südwestlicher Richtung entlang der Siedlung *Lindenhof* zu einer Bergkapelle führt. Von hier aus hat man eine herrliche Aussicht über Oberndorf und das Neckartal bis hinüber zur Schwäbischen Alb. Der Weg überquert nun die L119 und verläuft weiter am Rand der Siedlung *Lindenhof* entlang, immer mit schöner Aussicht ins Tal hinunter. Dann schwenkt er beim Waldrand nach Osten und führt über das Gewann *Stockbrunnen* wieder in die Stadt hinab (Steigung: knapp 200 Höhenmeter; Gesamtlänge: 8 km).

Nach zwei Kilometern Fahrt fährt die Bahn an Aistaig vorbei. Der kleine Ort, beiderseits des Neckars gelegen, pflegt wie Oberndorf eine lebendige Fasnachtstradition. Die Aistaiger Narrenzunft zählt heute um die 400 Maskenträger, das ist rund ein Viertel der Bevölkerung.

Die Bahn folgt weiter dem idyllischen Neckartal, passiert kurz vor dem Städtchen Sulz die Ruine *Albeck*, die sich rechter Hand im Wald auf einem Bergrücken versteckt. Sie war einst Sitz der Grafen von Sulz. Um 380 n. Chr. hatten bereits die Alamannen hier einen befestigten Burgplatz. Die Burg selbst, deren Ruine man heute besichtigen kann, stammt aus dem 13. Jahrhundert. Bis ins 16. Jahrhundert hieß sie *Castrum Sulze* oder *Burg Sulz*. Da hatten die Württemberger bereits die einst selbständige Grafschaft Sulz übernommen. Ein schöner Weg führt von Sulz durch den Wald hinauf zu der aussichtsreich gelegenen Burg mit ihren eindrucksvollen gotischen Fensterrippen (Parkplatz beim Kreisverkehr vor der Altstadt am

Links: Wandertafel des Neckarwegs bei Sulz. Über den »Gähnenden Stein« geht es weiter nach Horb. Rechts: Blick vom »Gähnenden Stein« auf Sulz.

Neckar, Weg gut beschildert). Die Schafweide am Steilhang unterhalb der Ruine ist das Naturschutzgebiet *Albeck* mit seltener wärmeliebender Vegetation.

Wenig später fährt der Zug in den Bahnhof ···⟩ **Sulz** ein.

Der Name *Sulz* weist darauf hin: Das Städtchen verdankt seinen Namen dem Salz. Die Salzquelle nutzten bereits die Römer und Alamannen. An die Römer in Sulz erinnert das Römerkeller-Museum im Bereich des ehemaligen Kastells.

Im Mittelalter sprudelte die Sole mitten auf dem Marktplatz zu Tage. Heinrich IV. hatte 1064 den Grafen von Sulz offiziell das Recht erteilt, Salz zu sieden. Salzbrunnen und Siedehäuser wurden auf dem Marktplatz errichtet.

Nach einem verheerenden Hochwasser im Jahre 1742 baute Sulz eine Gewölbebrücke aus Stein über den Neckar, und über diese leitete man nun die kostbare Sole aus dem Schacht am Marktplatz hinüber zu den *Gradierhäusern*, die man auf der anderen Uferseite errichtete. Dort wurde das Salzwasser über Stroh und Reisig geführt, Wasser verdunstete und die Sole erreichte auf diese Weise einen höheren *Grad* an Salz, bevor man sie verdampfte, um trockenes Salz zu gewinnen. Bis zur Steinsalzgewinnung im 19. Jahrhundert bei Bad Friedrichshall war die Salzgewinnung hier ein lohnendes Geschäft. Heute speist die Sole von Sulz nur noch das Freibad der Stadt.

Links: Naturdenkmal »Winterlinde« in Glatt. Ihr Umfang beträgt
über sieben Meter. Rechts: Wasserschloss Glatt mit dem Kultur- und
Museumszentrum der Stadt Sulz.

Rundwanderung vom Bahnhof Sulz
nach Neckarhausen und Glatt

Vom Bahnhof Sulz sind es über die Bahnhof- und die Zeppelinstraße nur ein paar
Schritte zum Neckar hinunter, der hier auf einer Fußgängerbrücke bequem überquert werden kann. Weiter geradeaus erreicht man nach wenigen Metern beim
Kreisverkehr die Umgehungsstraße. Wir biegen vom Kreisverkehr in die *Holz-
hausener Straße* ein, der wir nur ein kurzes Stück folgen, bis links der Neckarsteig
in ein Waldgebiet des östlichen Steilufers abzweigt. Der gut ausgebaute Weg führt
durch felsiges Terrain hinauf zum *Gähnenden Stein*, wo der Aufstieg mit einem
imposanten Blick auf Sulz, die Ruine *Albeck* und das Neckartal belohnt wird.

Über Holzhausen geht es nun über Feldwege bis zur Landstraße von Mühl-
heim nach Fischingen. Der Weg senkt sich wieder hinunter ins Neckartal und
erreicht bald den Ort.

Dort überqueren wir die Neckarbrücke, die B14 und die Bahnlinie und wechseln
auf die andere Seite des Tales. Kurz vor der Einmündung der Glatt weisen Tafeln auf
die uralte Pfahljochbrücke hin, deren älteste Teile aus dem Mittelalter stammen.

Bei der Kläranlage stoßen wir auf einen Wanderweg, der durch das Tal der
Glatt, rechts von der Fahrstraße, nach eineinhalb Kilometern den Sulzer Ortsteil
Glatt mit seinem sehenswerten Wasserschloss erreicht. Hier kann man ein *Bau-
ernmuseum* und ein *Adelsmuseum* besuchen, die Einblicke in die unterschiedlichen Lebenswelten der Menschen des späten Mittelalters und der frühen Neuzeit
geben. Bei der Kirche von Glatt treffen wir auf einen Wanderweg, der uns durch
Hochwald zum Sulzer Ortsteil *Schillerhöhe* bringt. Von dort führt uns ein schma-
les Sträßchen wieder hinunter zum Bahnhof in Sulz.

r karessiert mit Berg ond Wald
ond schmeichlet mit em Moos,
tuat Fangetles mit dr Eise'bah'
ond Schlupfetles mit dr Stroß ...
(Sebastian Blau, Dr Necker)

Nachdem die *Gäubahn* den Sulzer Bahnhof verlassen hat, fährt sie auf Fischingen zu, wo der Mühlbach in einem weiten Bogen von Bergfelden her in den Neckar mündet. Jetzt kommt die Burgruine *Wehrstein* in Sicht. Der Sage nach soll Karl der Große hier im Jahre 752 seine Frau Hildegard, Tochter des schwäbischen Grafen Gerold, kennengelernt haben.

Das Neckartal ist nun dicht besiedelt, die Orte an der Bahnstrecke wechseln im Minutentakt. Nächster Ort ist Neckarhausen. Kurz davor kann man einen Blick nach links hinüber zur *Pfahljochbrücke* erhaschen, einer der ältesten erhaltenen Neckarbrücken, deren Jochpfeiler teilweise aus dem Mittelalter stammen.

Ganz in der Nähe mündet die Glatt aus dem Raum Freudenstadt und Glatten im Nordschwarzwald kommend in den Neckar. Sie durchfließt den gleichnamigen Ortsteil von Sulz mit einem sehenswerten Wasserschloss in einem schönen Park, wo sich das Kultur- und Museumszentrum der Stadt befindet.

Die ältesten Teile der Pfahljochbrücke bei Neckarhausen stammen aus dem Mittelalter.

Kaum ist Neckarhausen auf der rechten Talseite durchfahren, passiert die Bahn das idyllisch gelegene Dettingen, wo bis in die Sechzigerjahre des 20. Jahrhunderts die Schiefertafeln für die Grundschüler in Baden-Württemberg hergestellt wurden.

Hier wendet sich der Neckar für 75 Kilometer nach Osten, bis er in Plochingen wieder nach Norden fließt. Das Tal weitet sich, nach vorne rechts öffnet sich der Blick auf die Altstadt von Horb, rechts kann man im alten Rangier- und Abstellbahnhof die flachen Gebäude eines (leider meist geschlossenen) Eisenbahnmuseums erkennen, wo die Stuttgarter Schienenverkehrsgesellschaft (SVG) 2011 die *Eisenbahn-Erlebniswelt Horb am Neckar* eingerichtet hat.

Wenig später hat man das *Tor zum Schwarzwald*, wie sich die Große Kreisstadt Horb (391 m ü. NHN am Bhf.) mit ihren 17 Teilorten auch nennt, erreicht. Sie bildet ein Mittelzentrum der Region Nordschwarzwald. Übrigens haben wir von Sulz an bis Horb einen kleinen östlichen Teil des Naturparks Schwarzwald Mitte/Nord durchfahren. Sulz-Glatt und Horb sind Portalgemeinden dieses Naturparks.

Am Bahnhof ⋯⋗ **Horb** verzweigt sich die Bahnlinie. Die *Gäubahn* orientiert sich über Eutingen in Richtung Herrenberg und weiter nach Stuttgart, während die *Kulturbahn* weiter durch das Neckartal nach Tübingen fährt.

Wer den Halt in Horb nutzen möchte, um etwas von der Stadt zu sehen – was sehr zu empfehlen ist –, steht gleich, wenn er den Bahnhof verlassen hat, vor der Prachtkulisse der Altstadt, die sich am gegenüberliegenden Neckarufer aufbaut.

Ihr Name lässt sich von *horw* ableiten, dem althochdeutschen Wort für *Sumpf*. Die Talstadt unten am Neckar und einem Seitenkanal liegt noch sichtbar nahe am Wasser. Das feuchte Tal mit der Hochwassergefahr hat aber schon im Mittelalter für eine Verlegung des Stadtkerns auf das schmale Muschelkalkriff über dem Neckar gesorgt. Die Altstadt erreicht man deshalb erst nach vielen Treppen (*Stäpfele*) und steilen Gassen der Sommerhalde. Eine der Horber Fasnachtszünfte heißt dementsprechend auch *Stäpfeleshopser*.

Die Weberei, der Textilhandel und das Kunstgewerbe haben Horb einst reich gemacht. Auch Wein hat man hier angebaut. Gegründet wurde die Stadt vor fast tausend Jahren von den Pfalzgrafen von Tübingen. Über die Grafschaft Hohenberg kam sie Ende des 14. Jahrhunderts an die Habsburger und damit zu Vorderösterreich. Das blieb so bis ins 19. Jahrhundert. 1806 wurde sie württembergisch und Sitz eines eigenen Oberamtes.

Reiche Bürgerhäuser säumen den Marktplatz. Besonders prächtig ist das Rat- und Wachhaus mit seinen bunt gemalten Wappen und historischen Szenen auf der Frontseite. Das Wahrzeichen der Stadt ist aber zweifellos die weithin sichtbare *Stiftskirche zum Heiligen Kreuz*, nach dem Stadtbrand von 1725 im Barockstil umgebaut.

Von der alten Stadtburg *Hohenberg* steht noch im *Burggarten* der *Schurkenturm*. Damit sind nicht die einstigen Burgvögte gemeint, sondern die *Schurken*, die in früheren Jahrhunderten in seinen Verliesen eingesperrt waren.

Links: Eisenbahn-Erlebniswelt Horb. Rechts: Das prächtig bemalte
Rathaus in der Horber Altstadt.

Aber auch die Talstadt mit dem *Unteren Markt*, den Fachwerkhäusern und
idyllischen Winkeln am Mühlkanal hat ihre Reize und verdient einen Besuch. In
der *Wintergasse* erinnert ein Denkmal an Sebastian Lotzer, den Verfasser der *Zwölf
Artikel* im Bauernkrieg, der um 1490 hier geboren wurde. Er ist nicht der einzige
Prominente der Ortsgeschichte. 1447 wurde in Horb der bekannte Nürnberger
Maler, Bildhauer und Kupferstecher Veit Stoß geboren. Auch der Schwarzwälder
Dichter Berthold Auerbach stammt aus einem Ortsteil von Horb. In Nordstetten
erinnert das *Berthold-Auerbach-Museum* an den schwäbisch-jüdischen Dichter,
der durch seine *Schwarzwälder Dorfgeschichten* bekannt wurde.

Das bekannteste kulturelle Ereignis in Horb sind die *Maximilian-Ritterspiele*,
die alljährlich vor der Kulisse der Altstadt ausgetragen werden. Die Stadt taucht
dann ein in die Welt früherer Jahrhunderte, es findet ein mittelalterlicher Markt
mit vielen Gauklern und Schaustellern statt und vor allem ein richtiges Rittertur-
nier. Zu den *Maximilian-Ritterspielen* kommen jährlich mehr als 50 000 Besucher
aus nah und fern.

Altstadtpartie am Mühlkanal.

Mit dem Rad von Sulz nach Horb

Der Neckartal-Radweg hält sich zunächst rechts des Neckars. Zwei Kilometer hinter Sulz führt er auf einer hölzernen Brücke über den Fluss und begleitet die Bahn auf einem gekiesten Weg bis Fischingen. Bei der Fischinger Neckarbrücke stößt man auf die B14, danach geht es gleich wieder nach rechts an der Bahn entlang. Diese überquert nun den Neckar kurz vor Neckarhausen, der Radweg bleibt aber am Waldrand, bis er das Flüsschen Glatt erreicht hat. Kurz davor kommt man direkt an der uralten Pfahljochbrücke über den Neckar vorbei. Wer das Wasserschloss Glatt in die Tour einbeziehen möchte, kann nun die 1,5 Kilometer flussaufwärts fahren und den gleichen Weg wieder zurück nehmen. Kurz vor Neckarhausen, bei einem Klärwerk, biegt die Hauptroute neckaraufwärts nach Horb ab und erreicht nach drei Kilometern Dettingen. Noch vor dem Ortskern führt der Radweg über den Neckar, unterquert die B14 und begleitet die Bahnlinie ins fünf Kilometer entfernte Horb. Die Gesamtstrecke beträgt 17 Kilometer, den Abstecher nach Glatt eingeschlossen 20 Kilometer.

Von Horb nach Tübingen

ÜBER BAD NIEDERNAU ZUR PORTA SUEVIAE

En Raoteburg stoht uf dr Bruck
e' Heilger Sankt Nepomuk.–
Komm, so pressant hosch-s ete',
mr wend gschwend zua-n-ehm bette'.
(Sebastian Blau, St. Nepomuk)

Im Bahnhof Horb muss umgestiegen werden: Während die nach Stuttgart führende *Gäubahn* langsam den steilen Südhang hinauf auf die Gäuhochfläche klettert, fährt unser Zug mit dem Namen *Kulturbahn* auf eingleisiger Strecke rechts des Neckars Tübingen zu.

Eisenbahnknotenpunkt Horb – ein Stück bewegter Eisenbahngeschichte

1866 erhielt die Stadt Anschluss an die *Obere Neckarbahn* von Rottenburg aus. Acht Jahre später kam der zweite Anschluss von der Gäuhochfläche herunter ins Tal: Die *Württembergische Schwarzwaldbahn* bzw. *Nagoldtalbahn* erhielt in Hochdorf einen Abzweig über Eutingen im Gäu nach Horb. Nach weiteren fünf Jahren kam die *Gäubahn* von Stuttgart über Böblingen, Herrenberg und Eutingen als dritte Verbindung dazu. Langwierige Verhandlungen zwischen den Königreichen Württemberg und Preußen (Hohenzollern war damals preußischer Regierungsbezirk) erforderte der Weiterbau des Abschnitts von Horb nach Rottweil, da mehrfach hohenzollerisches Hoheitsgebiet berührt wurde. Die beiden Regierungen waren da oft unterschiedlicher Ansicht. Rottweil wurde 1868 erreicht. Horb entwickelte sich zu einer bedeutenden Lokomotivstation mit Rangierbahnhof und 10-ständigem Ringlokschuppen. 1946 wurde zwischen Horb und Tuttlingen das zweite Gleis als Reparationsleistung an die französische Besatzungsmacht demontiert. Daher ist bis heute die Strecke, mit Ausnahme von Überholgleisen, immer noch eingleisig, was die Verbindung Zürich–Stuttgart wenig attraktiv macht. Eine Zeit lang fuhr auf dieser Strecke zwischen Mailand und Stuttgart sogar der sich in die Kurven legende *Cisalpino (Pendolino)*. Der aktuelle Bundesverkehrswegeplan sieht aber zum Glück den zeitnahen Ausbau der Strecke vor.

Links: Kulturbahn vor Bad Niedernau. Rechts: Muschelkalkfelsen rahmen die *porta sueviae* ein.

Die Landschaft hat sich nur unwesentlich verändert, immer noch durchfließt der Neckar in einem engen Kastental den Muschelkalk. Es folgt der Stadtteil Mühlen Haltepunkt ⋯⋗ **Mühlen** mit der sehenswerten *Remigiuskirche* und dem alten *Münch'schen Schloss* im Ortskern. Hinter Mühlen wird die filigrane 127 Meter hohe Brücke der Autobahn A81 unterquert. Sogleich mündet von rechts die Eyach in den Neckar, die hoch oben auf der Schwäbischen Alb auf über 800 Meter Höhe bei Albstadt entspringt. Ihrem Tal entlang verläuft das Gleis der *Hohenzollerischen Landesbahn* (HzL). Auf dem Netz werden heute, beginnend am Bahnhof ⋯⋗ **Eyach**, Tourismus- und Radwanderfahrten durchgeführt.

Vorbei am Ort Börstingen fällt uns links oben auf der Höhe Schloss *Weitenburg* auf, für den dazugehörigen Golfplatz wurde vor Jahren die Neckaraue umgestaltet. Im Sulzauer Tunnel wird ein Umlaufberg durchfahren. Gleich kommt das schon zu Rottenburg gehörende ⋯⋗ **Bieringen**, wo von Süden wieder ein größerer, von der Alb her kommender Fluss einmündet: die Starzel. Der von Nordwesten her führende Seltenbach, sein Tal heißt Rommelstal, mündet in Obernau, bekannt wegen seines Mineralwassers, in den Neckar. Die Römer fassten hier eine Quelle und leiteten das Wasser über eine sieben Kilometer lange Leitung in die Badeanlagen des antiken Rottenburg. Die Leitung ist heute teilweise freigelegt und an mehreren

Stellen in und bei Obernau sichtbar. Der Grund für die zahlreichen kohlensäure-haltigen Quellen in diesem Abschnitt des Neckartals ist eine Verwerfung, die den oberen Hauptmuschelkalk und das Gipsgebirge nebeneinandergelegt hat.

Hohenzollerische Landesbahn

Die *Hohenzollerische Kleinbahngesellschaft* (heute *Hohenzollerische Landesbahn, HzL*) wurde 1899 gegründet, um in den Hohenzollerischen Landen einen Eisenbahnverkehr aufzubauen. 1901 wurde von Eyach aus die Strecke nach Stetten bei Haigerloch gebaut, um das Salz des Königlich Preußischen Salzbergwerks mit Saline in Stetten abtransportieren zu können. 1912 erfolgte der Anschluss an das übrige Netz in Hechingen. Vom 1. Mai bis Mitte Oktober, sonn- und feiertags, fährt auf der Strecke von Eyach über Bad Imnau und Haigerloch der Radexpress Eyachtäler (Informationen bei der Hohenzollerischen Landesbahn: 07471/ 1806-11 bzw. www.hzl-online.de).

Vor ⋯⫯ **Bad Niedernau** (Bahnhaltepunkt) quert die Bahn auf einer Stahlbrücke den Neckar, kurz vor Rottenburg abermals. Niedernau erhielt 1938 das Prädikat *Bad* wegen seines schon zur Römerzeit bekannten Sauerbrunnens (Quellhaus der *Römerquelle*). Im romantischen *Katzenbachtal* sprudelten zeitweise sechs Mineralquellen. Vom 19. bis 20. Jahrhundert gelangte es unter den Besitzern des Badeanwesens, der Familie Raidt, später der Familie von Steiner, mit Kurgebäuden und Kuranwendungen zu einer Blüte. Als Kurgäste sind u. a. bekannt: Ludwig Uhland, Ferdinand Freiligrath, Friedrich Silcher, Berthold Auerbach und Ottilie Wildermuth, die, 1817 im nahen Rottenburg geboren, dem Kurort sogar ein Gedicht widmete:

> *Kennst Du das stille Thal im Tannenhain?*
> *Die dunkelgrünen Berge schließen's ein.*
> *Ein Haus steht dort, als freundlich stille Bucht,*
> *Dem Wanderer, der Ruh' und Stärkung sucht.*
> *Jawohl, soweit der Schwabenhimmel blau,*
> *Erkennt man auch das Bad von Niedernau.*
> (Ottilie Wildermuth)

So lautet die erste von vier Strophen. Der kleine Kurpark im *Katzenbachtal*, Quellhäuser, ehemalige Kurgebäude sind heute noch zu sehen, auch der Abfüllbetrieb der *Niedernauer Römerquelle*, Zweigbetrieb von *aquaRömer*. Dann verlassen Fluss und Bahn das in den Muschelkalk des Oberen Gäus geschnittene Tal durch eine Engstelle, die *porta sueviae*, und wir gelangen in eine ganz andere Landschaft: in das weite Tal zwischen den Keuperhöhen von *Schönbuch* im Norden und *Rammert* im Süden.

Wir haben ⋯⟩ **Rottenburg** erreicht. Mit kleineren Weinbergen im Muschelkalk beginnt von hier an bis fast nach Neckarelz reichend das württembergische Weinland entlang des Neckartals. Gleich unterhalb des Bahnhofs liegt der Stadtteil Ehingen, der in der Alamannenzeit entstand, als auf dem gegenüberliegenden Ufer das römische *Sumelocenna* langsam verfiel. Hier lohnt sich ein Blick in die Stiftskirche *St. Moriz* mit Fresken aus dem 14. Jahrhundert und den Grabmalen der Hohenberger Grafen. Gleich an der modernen, nach Josef Eberle alias Sebastian Blau benannten Neckarbrücke steht *St. Nepomuk*, den der Sohn der Stadt, Verleger der *Stuttgarter Zeitung*, in seinem Gedicht berühmt gemacht hat. Eberle hat zahlreiche Werke in schwäbischer Mundart veröffentlicht. Zu seinem 100. Geburtstag entstand der 12 Kilometer lange *Sebastian-Blau-Wanderweg* mit rund 20 Stationen, an denen die passenden Gedichte zu lesen sind.

Wanderung auf dem Sebastian-Blau-Wanderweg

Der Wanderweg ist gut ausgeschildert und beginnt am Römischen Stadtmuseum *Sumelocenna* (Parkhaus beim Stadtgraben). Er ist in zwei Teile gegliedert: Der erste Teil heißt *Rottenburger Spaziergang*. Auf ihm können wir nur die Stationen im Bereich der Altstadt aufsuchen. Für die große Wanderung, etwa 12 Kilometer, müssen wir mit vier Stunden rechnen. Sie führt aus dem Stadtteil Ehingen rechts des Neckars bis nach Bad Niedernau und in den Kurpark im *Katzenbachtal* (Gedicht: *Dr Kurgast*), dann über die Neckarbrücke und am Bahnhof Bad Niedernau vorbei durch den Hangwald nach Weggental (Gedicht: *Wallfahrtskirche*) und zurück in die Altstadt. Man kann auch ab Bad Niedernau mit dem Zug wieder zurück nach Rottenburg fahren (Fahrplan beachten).

Das eigentliche Rottenburg liegt links des Neckars auf den Trümmern von *Sumelocenna*, ein römischer Hauptort im südwestdeutschen Raum, der etwa zwei Jahrzehnte später als Rottweil gegründet wurde, nämlich am Ende des 1. Jahrhunderts n. Chr.

Schön ist der Blick vom rechten Neckarufer auf die Neckarpartie mit *Spital zum Heiligen Geist*, Priesterseminar mit *Diözesan-Museum und -Bibliothek* (im ehemaligen Karmeliterkloster). Der Name *Sumelocenna* weist auf eine keltische Vorgängersiedlung hin. Die bedeutenden Reste aus der Römerzeit, wie die Badanlagen, die 32 Meter lange Toilettenanlage und die Ruinen einer Ummauerung – sonst bekannt nur von Bad Wimpfen und Ladenburg (*Lopodunum*) –, sind im *Römischen Stadtmuseum* unter dem Parkhaus am Stadtgraben zu besichtigen.

Rottenburger Stadtansicht von der Ehinger Seite aus.

Die Grafen von Hohenberg gründeten in der zweiten Hälfte des 13. Jahrhunderts die mittelalterliche Stadt, die Teile des Nachbarorts Ehingen mit einbezog. Mit dem Verkauf der Grafschaft an die Habsburger wurde Rottenburg 1381 österreichisch und Verwaltungszentrum.

Ihre Glanzzeit erlebte die Stadt als Residenz der Erzherzogin Mechthild. Erst unter Napoleon kam Rottenburg an Württemberg (1805). Da das neue Königreich Württemberg nach der beträchtlichen Vergrößerung seines Territoriums nun auch über zahlreiche katholische Untertanen verfügte, wurde 1821 ein katholisches Bistum für Württemberg mit Sitz in Rottenburg eingerichtet und sieben Jahre später der erste Bischof eingesetzt. Wegen seines Widerstandes gegen die Nationalsozialisten wurde der Rottenburger Bischof Joannes Baptista Sproll seiner Diözese verwiesen und konnte erst 1945 wieder zurückkehren. Auch ein anderer Rottenburger kämpfte gegen den Nationalsozialismus und bezahlte dafür mit seinem Leben. Eugen Bolz, württembergischer Staatspräsident, gehörte dem Kreis der Widerstandskämpfer um Carl Friedrich Goerdeler an. Ein Denkmal und eine Tafel an seinem Haus erinnern an ihn.

Moderne Architektur des Bischöflichen Ordinariats.

Der Dom *St. Martin* ist baulicher Mittelpunkt und Wahrzeichen der Stadt. Sehenswert sind auch das Bischöfliche Palais und der architektonisch bedeutende Neubau (2009/10) des Ordinariats der Diözese Rottenburg-Stuttgart, der Marktplatz mit barockem Rathaus, die Reste der Stadtbefestigung mit Doppelmauer, Graben, Zwinger und Türmen, die ehemalige Zehntscheuer, heute Kulturzentrum und *Sülchgau-Museum* mit einer Dauerausstellung zu *Vorderösterreich 1381–1806*.

Erzherzogin Mechthild (1419–1482)

Die im Heidelberger Schloss geborene Mechthild war die Tochter von Kurfürst Ludwig III. von der Pfalz, Begründer der Heidelberger *Bibliotheca Palatina*, deren Bücherschätze im Dreißigjährigen Krieg nach Rom geschafft wurden. Ihre Vorfahren gründeten 1386 die *Ruprecht-Karls-Universität* in Heidelberg. Mechthild wurde 1436 mit dem Grafen Ludwig I. von Württemberg verheiratet. Von ihren fünf Kindern wurde eines für Württemberg bedeutend: Eberhard V. im Bart

(1445–1496), ab 1459 Graf, ab 1495 Herzog. Als Graf Ludwig I. starb, kam Gräfin Mechthild auf das Schloss Böblingen, ihren Witwensitz. Kaum dort, heiratete sie Erzherzog Albrecht VI., Bruder Kaiser Friedrichs III. und Regent der Vorderösterreichischen Lande. 1457 brachte die bildungsfreudige Mechthild ihren Ehemann Albrecht dazu, im damals österreichischen Freiburg eine Hochschule zu gründen, die heutige *Albert-Ludwigs-Universität*. 1477 überzeugte sie ihren Sohn Eberhard V., eine Universität in Tübingen zu gründen, die heutige *Eberhard Karls Universität*. Nach dem Tod Albrechts 1463 bezog Mechthild in Rottenburg ihren Witwensitz und errichtete dort einen Musenhof. Sie liegt in der Stiftskirche in Tübingen begraben.

Der Zug gelangt nun in die weite Talebene, nachdem der Muschelkalk in größere Tiefen »abgetaucht« ist und die nächstjüngere Schicht, der Keuper, die Landschaft formt. Rechts des Neckars geht es nahe am Rande des *Rammert* vorbei an den Orten ···⁝ **Kiebingen** (Haltepunkt), Kilchberg (mit Schloss der Freiherren von Tessin), Bühl (mit dem Renaissance-Schloss Bühl) und Weilheim. Doch uns nimmt die Aussicht auf den gegenüberliegenden langgestreckten Keuper-Rücken in

Schloss Kilchberg im Tübinger Stadtteil Kilchberg.

»Droben stehet die Kapelle / Schauet still ins Tal hinab ...«
dichtete Ludwig Uhland.
»Luftig, wie ein leichter Kahn / Auf des Hügels grüner Welle ...«
Nikolaus Lenau über den anmutigen Anblick der Wurmlinger Kapelle.

Beschlag: Auf dem vor Wurmlingen endenden Bergsporn wird er gekrönt von der *Wurmlinger Kapelle*, den mittleren Bereich bildet der *Spitzberg* oder *Hirschauer Berg*, nach Osten setzt sich der Höhenzug über den Tübinger *Schlossberg* bis zum *Österberg* fort. Ludwig Uhland und Nikolaus Lenau, aber auch Gustav Schwab, Justinus Kerner und Karl Mayer haben der dem heiligen Remigius geweihten Kapelle mit Krypta vom Anfang des 12. Jahrhunderts literarische Denkmäler gesetzt.

Der *Spitzberg* ist übrigens der naturwissenschaftlich bestuntersuchte Berg der Umgebung. Seit Jahrhunderten wurde an seinem sonnenexponierten, warmen Südhang, ein ehemaliger Prallhang des Neckars, die besondere Flora und Fauna erforscht. Zwei bedeutende Naturschutzgebiete sollen sie erhalten: Naturschutzgebiet *Hirschauer Berg* und *Spitzberg-Ödenburg*. Auch in der Talaue gibt es zwei Naturschutzgebiete, »Biotope aus zweiter Hand«, frühere Baggerseen, die gewissermaßen Ersatz für zahlreiche ehemalige Seitenarme und Altwasser des Neckars sind, der vor seiner »Rektifikation« in der weiten Aue hin- und herpendeln konnte. Bei Tübingen-Bühl fährt der Zug direkt am Naturschutzgebiet *Oberes Steinach* vorbei, auf der anderen Seite liegt das Naturschutzgebiet *Burglehen*.

Tübingen, das ist die kleine Stadt, die geschichtsträchtig und weitläufig wie kaum eine andere ihr vergleichbare ist: ein großes Museum, das ständig verändert und umgebaut wird. Ein Denkmal also, nicht unbedroht, aber strotzend von Lebendigkeit.
(Inge und Walter Jens)

Wir erreichen den Bahnhof ⸱⸱⸱⸳ **Tübingen**. Auf dem Weg von hier in Richtung Platanenallee kommt man am Denkmal für Ludwig Uhland vorbei, den schwäbischen Dichter, Literaturwissenschaftler, Jurist und Politiker, hier 1787 geboren und 1862 gestorben.

Sein Geburtshaus steht in der *Neckarhalde* 24. Wie fast alle württembergischen Geistesgrößen studierte er im Rahmen eines Stipendiums am *Tübinger Stift*. Das *Tübinger Stift*, das wir neben *Alter Burse* und *Hölderlinturm* in der Stadtkulisse erkennen, ist von Herzog Ulrich von Württemberg 1536 gegründet

Blick auf Neckarfront, Stocherkähne und Hölderlinturm.

worden. Die Einrichtung sollte in Verbindung mit der 1477 von Graf Eberhard im Bart gegründeten Universität eine Elite im lutherischen Glauben heranziehen. Seit dieser Zeit sind aus ihr rund 140 berühmte Studierende hervorgegangen, u. a. Johannes Kepler, Wilhelm Schickard, Friedrich Hölderlin, Georg Wilhelm Friedrich Hegel, Friedrich Schelling, Karl Mayer, Gustav Schwab, Wilhelm Hauff, Wilhelm Waiblinger, Eduard Mörike, David Friedrich Strauß. Friedrich Nietzsche schrieb einmal: »Man hat nur das Wort *Tübinger Stift* auszusprechen, um zu begreifen, was die deutsche Philosophie im Grunde ist – eine *hinterlistige* Theologie …«

Durch die 1828 auf der Neckarinsel angelegte Platanenallee mit dem Blick auf die malerische Kulisse hochgiebliger Häuser mit dem *Hölderlinturm*, vom linken Neckarufer aufsteigend – »und unten hin die Wogen des stillen Flusses ziehen« (Gustav Schwab) – geht es auf die *Eberhardsbrücke* zu. Am anderen Ende der Platanenallee erinnert das *Silcher-Denkmal* an den Tübinger Universitätsmusikdirektor und Komponisten Friedrich Silcher (1789–1860). Im *Hölderlinturm*, der zu der Zeit etwas anders aussah, lebte im Turmzimmer im ersten Stock von 1807 bis zu seinem Tod 1843 Friedrich Hölderlin. Heute ist das Gebäude Museum und literarische Gedenkstätte.

Im Hintergrund hoch über den Dächern der Stadt erhebt sich das mächtige und festungsartige Schloss *Hohentübingen*, die alte Stammburg der Grafen von Tübingen, begründet etwa Mitte des 11. Jahrhunderts in wichtiger strategischer Lage, als noch die alten durch den Schönbuch führenden Straßen, die Rheinstraße (*via rheni*) und die *Schweizer Straße* von großer Bedeutung waren. Die späteren Pfalzgrafen gründeten entlang des Schönbuchrandes Nebenburgen wie *Roseck*, *Hohenentringen*, *Müneck* oder Herrenberg. Sie stifteten neben dem Kloster Bebenhausen auch die Klöster Blaubeuren und Obermarchtal und gründeten Städte wie Herrenberg, Böblingen, Sindelfingen, Horb, Wildberg, Tettnang und Feldkirch, die fast alle bis heute die Fahne mit drei Lätzen, das Wappen der Tübinger Grafen, als Stadtwappen führen. 1342 gelangte das Schloss in den Besitz der Württemberger. Das untere Schlossportal wurde 1606 von Hofbaumeister Heinrich Schickhardt im Stil eines Triumphbogens entworfen, eines der schönsten Kunstwerke der Renaissance im Land. Heute beherbergt das Schloss das *Museum der Universität Tübingen MUT* mit vielen Sammlungen Alter Kulturen, besonders die mit den ältesten Kunstobjekten der Menschheit: beispielsweise das Wildpferd aus Mammutelfenbein, 35 000 Jahre alt, aus der *Vogelherdhöhle*. Diese Höhle wurde mit wenigen anderen auf der Schwäbischen Alb im Juli 2017 als UNESCO-Welterbe anerkannt.

Von der Neckarbrücke aus lassen sich die Stocherkähne beobachten, die so ähnlich nur noch in Oxford und Cambridge zu sehen sind und vorwiegend den Burschenschaften gehören, aber auch zu mieten sind.

**Links: In der Buchhandlung Heckenhauer machte Hermann Hesse
seine Lehre. Heute ist hier das Hesse-Kabinett eingerichtet.
Rechts: Das Ludwig-Uhland-Denkmal in Tübingen.**

Durch die *Neckargasse* gelangt man in die Altstadt, die Oberstadt, mit der *Stiftskirche St. Georg* und ihrem unvollendet gebliebenen Turm. Sie wurde zur Stiftskirche erhoben, als 1476 Graf Eberhard im Bart das reiche Sindelfinger Chorherrenstift hierher verlegte. Der Chor birgt die Grabmäler der württembergischen Grafen und Herzöge. Gegenüber steht das Haus der 1659 gegründeten Cotta'schen Verlagsbuchhandlung, die 1810 nach Stuttgart zog. Am Holzmarkt in der ehemaligen Buchhandlung Heckenhauer ist heute das *Hesse-Kabinett* untergebracht. Ältestes Haus am *Marktplatz* ist das Rathaus von 1435 mit Bemalung im Neo-Renaissance-Stil und astronomischer Kunstuhr.

Zur Neckarseite hin durch *Münz-*, *Clinicums-* oder *Bursagasse* geht es zur *Alten Aula*, *Burse* und *Evangelischem Stift*, den ältesten Häusern der Universität. Die *Burgsteige* hinauf erreichen wir das Schloss. Von hier aus hat man einen hervorragenden Blick zur Schwäbischen Alb, ins Neckartal, nach Norden über die

Renaissance-Portal von Schloss Hohentübingen.

Unterstadt und das Tal der Ammer in Richtung *Schönbuch*. Von hier aus wird auch deutlich, wie der *Schlossberg* seine Fortsetzung zum *Hirschauer Berg* und zur *Wurmlinger Kapelle* findet, einen Rücken in der Tübinger Stufenrandbucht bildet. In der Unterstadt zur Ammer hin sind sehenswert: das *Wilhelmsstift* als katholisches Pendant zum Evangelischen Stift, *Johanneskirche*, *Stadtmuseum im Kornhaus*, *Fruchtkasten*, *Jakobuskirche* und das *Nonnenhaus* am *Ammerkanal*. Hier wirkte von 1549 an der Medizinprofessor Leonhart Fuchs. Er begründete hier den ersten Botanischen Garten und veröffentlichte ein wissenschaftlich bedeutendes Werk über die Pflanzen mit über 500 Holzschnitten. Als »Vater der Botanik« wird er bezeichnet, nach ihm trägt die Pflanzengattung Fuchsie ihren Namen.

Die *Eberhard Karls Universität*, eine der ältesten Universitäten Europas, bestimmt in starkem Maße Gesicht und Atmosphäre der Stadt. Heute sind die geisteswissenschaftlichen Fakultäten in der Altstadt im Ammertal angesiedelt (Unibibliothek, erbaut von Paul Bonatz), die naturwissenschaftlichen Institute und Kliniken sind auf die Höhen von *Schnarrenberg* und *Morgenstelle* gezogen. Wer die Stadt intensiver kennenlernen möchte, dem seien die vielen Tübingen-Bücher, etwa des Silberburg-Verlags, empfohlen und Stadtführungen zu ausgewählten Themen.

ABSTECHER NACH BEBENHAUSEN – EHEMALIGES KLOSTER UND SCHLOSS IM NATURPARK SCHÖNBUCH

Sehenswert ist das ehemalige Kloster und Schloss *Bebenhausen*, das mit dem Bus gut erreichbar ist (7 km, Buslinien 754, 826, 828 ab Busbahnhof Richtung Dettenhausen).

Kloster Bebenhausen wurde 1183 von den Pfalzgrafen von Tübingen im beschaulichen Goldersbachtal gegründet. Es war zunächst Prämonstratenserkloster, wenige Jahre später Zisterzienserabtei. Als Folge der von Ulrich I. von Württemberg eingeführten Reformation entstand eine evangelische Klosterschule. Diese wurde später nach Maulbronn verlegt, sodass von 1806 an die Anlage, insbesondere das ehemalige Abtshaus, den württembergischen Herzögen und Königen als Jagdschloss diente. Nach seinem Thronverzicht 1918 verbrachte hier König Wilhelm II. bis 1921 seinen Lebensabend, Königin Charlotte lebte hier bis zu ihrem Tod 1946. Von 1946 bis 1952, der Gründung des Landes Baden-Württemberg, tagte in Bebenhausen der Landtag des Landes Württemberg-Hohenzollern. Das ehemalige Kloster mit Ringmauern, Türmen, Wirtschaftsgebäuden ist fast vollständig erhalten. Nur das Langhaus der ehemaligen Klosterkirche wurde nach der Reformation stark verkürzt, was noch gut festzustellen ist. Im *Schreibturm*, Teil der inneren Ringmauer, in dem zu Zeiten der Mönche die Schreibstube untergebracht war, ist seit 1997 das *Informationszentrum des Naturparks Schönbuch* untergebracht. Der Naturpark wurde 1972 gegründet als Folge einer Bewegung gegen die damalige Planung eines neuen Landesflughafens im Schönbuch. Der älteste Naturpark im Land hat eine Größe von 156 Quadratkilometern.

Heute dein einsames Tal durchstreifend, o trautestes Kloster,
Fand ich im Walde zunächst jenen verödeten Grund,
Dem du die mächtigen Quader verdankst und was dir zum Schmucke
Deines gegliederten Turms alles der Meister verliehn.
(Eduard Mörike, Bilder aus Bebenhausen)

Regionalstadtbahn Neckar-Alb – ein Zukunftsprojekt

Auch Tübingen ist ein wichtiger Bahnknotenpunkt. Nachdem von hier aus 1866 auf der *Oberen Neckarbahn* Horb erreicht war, wurde drei Jahre später die Verbindung nach Hechingen hergestellt. Die Weiterführung nach Balingen erfolgte 1874. Erst 1878 gelangten die Bahnbauer nach Sigmaringen. Heute fährt auf der Strecke

Kloster und Schloss Bebenhausen.

bis Aulendorf die *Zollern-Alb-Bahn* ZAB 1. Später, 1909/10, entstand durch das Ammertal eine Verbindung nach Herrenberg, die *Ammertalbahn*.

Das Bahnnetz in den Kreisen Tübingen, Reutlingen und im Zollern-Alb-Kreis soll in einigen Jahren als *Regionalstadtbahn Neckar-Alb* elektrifiziert sein, auch unser gerade befahrener Abschnitt von Horb nach Tübingen. Mit modernen Fahrzeugen und zahlreichen neuen Haltepunkten soll der Schienennahverkehr in der Region attraktiv gemacht werden.

Von Tübingen über Nürtingen nach Plochingen

Im Bahnhof Tübingen steigen wir entweder in den Regionalexpress direkt nach Stuttgart, oder wir genießen das Bahnerlebnis mit dem *Regio-Shuttle* bis Metzingen oder bis Plochingen mit Umstiegen jeweils in den Nahverkehrszug oder in die S-Bahn. Ein Blick ins Kursbuch ist ratsam. Bei der Ausfahrt aus dem Tübinger Bahnhof quert die Bahn sogleich die von rechts von der Alb her fließende Steinlach. Vorbei am ausgedienten Güterbahnhof – das Areal wird in ein Wohngebiet umgewandelt und die Güter werden auf der Straße transportiert (!) – und den Gewerbegebieten rechts, links den Österberg im Blick, geht es neckarabwärts, vorbei an ⸱⸱⸱ **Lustnau** (Haltepunkt), wo der Neckar mit der Ammer die Wasser des *Schönbuchs* (links) aufnimmt. Auch hier ist der Keuper für die weich ausgeformte Flusslandschaft verantwortlich. Die Bundesstraße B 27 wird unterfahren und sogleich ein Altarm des Neckars, das Naturschutzgebiet *Blaulach* überquert. Dann verlässt der Zug das Neckartal und fährt in südöstlicher Richtung in das Echaztal hinein. Es folgt der Haltepunkt ⸱⸱⸱ **Kirchentellinsfurt**, der Ort erstreckt sich rechts auf der Anhöhe.

VON TÜBINGEN NACH REUTLINGEN

Hier gab es einen schon den Römern bekannten Neckarübergang, eine Furt. Nahe des Kirchentellinsfurter Baggersees finden sich römische Reste: ein Pfeilergrabmal. Kirchentellinsfurt entstand aus den beiden Siedlungen *Kirchen* und *Tälisfurt*. Sehenswert ist das Schlossmuseum. Rechts entlang der Echaz kommen wir vorbei an ⸱⸱⸱ **Wannweil** (Haltepunkt), das nun schon zum Landkreis Reutlingen gehört. Wannweil war über Jahrhunderte im Besitz der Reichsstadt Reutlingen, die evangelische *Johanneskirche* stammt wohl aus dem 11. Jahrhundert und gehört zu den ältesten Kirchen in Württemberg. Der nächste Haltepunkt ist der einwohnerstärkste Stadtteil Reutlingens: Betzingen Haltepunkt ⸱⸱⸱ **Reutlingen-Betzingen.** Nun gelangen wir in eine neue Landschaft: in das Albvorland und damit in den Bereich von Schwarzem und Braunem Jura. Die damaligen Bahnbauer planten zunächst, die Strecke durchgängig im Neckartal zu bauen. Dabei wären die beiden an Echaz und Erms gelegenen Städte Reutlingen und Metzingen im Abseits geblieben. So wurde in Anbetracht

Marienkirche in Reutlingen.

der Bedeutung beider Städte eine vom Neckar entfernte Linienführung mit einem Umweg von etwa 10 Kilometern genehmigt. Erst bei Nürtingen erreicht die Bahn wieder das Neckartal. Südlich von Betzingen ist der *Listhof* gelegen, ein ehemaliges militärisches Gelände, das die Franzosen 1992 verließen. Die über 120 Hektar große Fläche ging in städtischen Besitz über und ist als Naturschutzgebiet ausgewiesen, betreut vom Umweltbildungszentrum Listhof e. V.

Nach dem Haltepunkt ···⟩ **Reutlingen West** wird die Echaz gequert und der Hauptbahnhof ···⟩ **Reutlingen** ist erreicht.

Der Bahnhofsvorplatz in Reutlingen ist eine Grünanlage, die nach dem großen Sohn der Stadt Friedrich List benannt ist.

Sein Denkmal steht an der nördlichen Ecke zur *Karlstraße*. Von hier aus gelangt man sofort in das Zentrum der ehemaligen Freien Reichsstadt, wegen seiner Industrie die *Stadt des Geldes* im Gegensatz zur *Stadt des Geistes*, wie die Rivalin Tübingen auch genannt wird. Die Hauptstraße ist die *Wilhelmstraße*. In der Mitte liegt der *Marktplatz* mit dem modernen Beton-Rathausgebäude aus der Zeit der 1970er Jahre, gegenüber *Maximilian-Brunnen*, *Spitalhof* und *Spitalkirche*. Weiter südöstlich beim *Zunftbrunnen* erhebt sich als bestimmendes Bauwerk die *Marienkirche* von 1343. In der Nähe, in der *Wilhelmstraße*, finden wir das Geburtshaus des Schriftstellers Hermann Kurz (1813–1873), Vater der Dichterin und

Schriftstellerin Isolde Kurz. Im nordöstlichen Teil des Altstadtkerns sieht der Besucher noch Reste der Stadtmauer, des Stadtgrabens und des Zwingers, markant im Stadtbild das *Tübinger Tor* und gegenüber auf der anderen Seite des Stadtkerns das *Gartentor*. Sehenswert sind außerdem einige alte Fachwerkhäuser wie der *Königsbronner Hof* oder das *Spendhaus* mit dem *Städtischen Kunstmuseum*. Hier werden Werke und die Druckerpresse von HAP Grieshaber, dem bedeutenden Grafiker und Holzschneider, gezeigt, der in Reutlingen zeitweise zur Schule ging, hier seine Schriftsetzerlehre machte und sich nach dem Zweiten Weltkrieg südlich der *Achalm* niederließ. Kurios ist in der Nähe die *Spreuerhofstraße*, mit stellenweise nur 31 Zentimetern die *engste Straße der Welt* laut *Guinness-Buch der Rekorde*. Reste des einstigen *Gerberviertels* sind noch an der Echaz zu finden, deren Wasser früher Schmieden und Mühlen betrieb, Walkereien und Färbereien versorgte und die Stadt zu wirtschaftlichem Wohlstand und Reichtum führte. Reutlingen wurde eine Industriestadt.

Die Spreuerhofstraße, die »engste Straße der Welt«.

Das »Krankenhäusle« der ehemaligen Bruderhaus-Fabrik, dahinter die moderne Stadthalle.

Reutlingen wird Industriestadt

Drei Namen sind in diesem Zusammenhang zu nennen:

1. Der Theologe **Gustav Werner**, aus dessen diakonischer Einrichtung *Bruderhaus* mit Fabrik, Industrieschule und Kindergarten und der 1881 gegründeten *Gustav Werner Stiftung zum Bruderhaus* sich die bis 1992 bestehende Maschinenfabrik entwickelte. Mit einem Teil der Gewinne werden heute noch die diakonischen Anstalten finanziert. Übrigens leitete von 1865 bis 1869 Gottlieb Daimler die Fabrik. In dieser Zeit arbeitete hier auch der Konstrukteur Wilhelm Maybach. Die ungewöhnliche Geschichte der christlichen Fabriken Gustav Werners wird eindrucksvoll im *Heimatmuseum* gezeigt. Auf dem Areal der ehemaligen Maschinenfabrik steht seit 2012 die Stadthalle Reutlingen. Erhalten geblieben ist ein Backsteingebäude, das *Krankenhäusle* von 1882.

2. Das Textilunternehmen der Familie **Gminder** ist aus einer Färberei entstanden. Die Brüder Carl und Louis gaben den Bau einer Arbeitersiedlung, genannt *Gmindersdorf,* im Stadtteil Betzingen in Auftrag, ein Beispiel frühen sozialen Wohnungsbaus, geplant vom renommierten Architekten Theodor Fischer. Emil Andreas Gminder (1873–1963) unterstützte die Ausgrabungen einer römischen Villa in Betzingen und gründete 1918 einen Verein für Volksbildung. Er errichtete das erste Volksbildungshaus in Deutschland, aus dem später die Volkshochschule Reutlingen entstand.

3. Dem Eisenbahnpionier **Friedrich List** muss hier, nachdem es sich bei diesem Buch um die Beschreibung einer Eisenbahnreise handelt, ein besonderer

Platz eingeräumt werden: Er wurde 1789 in Reutlingen geboren, sein Vater war als Weißgerbermeister dem reichsstädtischen Patriziat zugehörig. Friedrich List hörte in Tübingen Vorlesungen und schlug dort eine Verwaltungslaufbahn ein, wechselte später nach Stuttgart in das Finanzministerium. Dort wurde er 1817 beauftragt, Auswanderer aus Baden und Württemberg zu befragen, weshalb sie das Land verließen. Der Regierung machte er Vorschläge zur Verbesserung der Verwaltung. Ohne höheren Schul- und Universitätsabschluss wurde er zum Professor der Staatswissenschaften ernannt, was den Universitätsgremien missfiel. Wegen seiner zahlreichen kritischen Schriften, seines Engagements über das Königreich hinaus für eine deutsche Zollunion, für ein sinnvolles Eisenbahnnetz, für Demokratie und Freihandel, die Gründung des Allgemeinen Deutschen Handelsvereins und Kritik an der Bürokratie wurde er 1819 einerseits in den württembergischen Landtag gewählt, andererseits 1822 zu Festungshaft auf dem *Hohenasperg* verurteilt. 1825 erklärte er sich bereit, in die Vereinigten Staaten auszuwandern und wurde »zur Auswanderung begnadigt«. Er entdeckte dort ein Kohlevorkommen, gründete eine Gesellschaft in Verbindung mit einer zum Kohletransport benötigten Bahnstrecke. So wurde List auch in den Vereinigten Staaten ein Bahnpionier. List gilt als Begründer der modernen Volkswirtschaftslehre und als Fürsprecher eines länderübergreifenden deutschen Eisenbahnnetzes.

Landschaftlich gewissermaßen gekrönt wird Reutlingen von seinem Hausberg, der *Achalm* (707 m ü. NHN), einem kegelförmigen Zeugenberg des Weißen Jura, der noch einige Reste der mittelalterlichen Burg aufweist. Der Turm wurde im 19. Jahrhundert errichtet. Der Bergkegel südlich nahe Pfullingen hingegen ist ein ehemaliger Schlot des Schwäbischen Vulkans, der im Bereich Kirchheim unter Teck, Metzingen und Reutlingen vor etwa 16 Millionen Jahren aktiv war und rund 350 sogenannte Durchschüsse hinterlassen hat. Teile dieser Alblandschaft, auch im Bereich der Städte Reutlingen und Metzingen, liegen im von der UNESCO anerkannten Biosphärengebiet Schwäbische Alb mit dem ehemaligen Truppenübungsplatz (Info: Biosphärenzentrum, Altes Lager, 72525 Münsingen). Südlich des Reutlinger Altstadtkerns ist die *Pomologie* gelegen, ein Anwesen, das wieder mit einem bedeutenden Mann in Verbindung steht: Eduard Lucas, der Pomologe, der hier eine private Lehranstalt für Gartenbau, Obstkultur und Pomologie gründete. Das Areal der *Pomologie* war 1984 in die Landesgartenschau einbezogen.

Reutlingen war bis in die 1970er Jahre ein kleiner Eisenbahnknotenpunkt. Von hier aus führte die *Echaztalbahn* über Pfullingen das Tal aufwärts, als Zahnradbahn-Strecke unterhalb von *Schloss Lichtenstein* auf die Albhochfläche, dann weiter über Münsingen nach Ulm. Ins nahe Gomaringen und weiter in das Wiesaztal bis Gönningen brachte eine Kleinbahn die Reisenden. Gleise und Gleiskörper sind teilweise heute noch erhalten.

ÜBER METZINGEN NACH PLOCHINGEN –
ÜBER DIE »OUTLETCITY« ZU HUNDERTWASSER

Unser Zug verlässt den Bahnhof Reutlingen. Kurz danach zweigt nach rechts die stillgelegte *Echaztalbahn* ab. Es geht unterhalb von Achalm und Albtrauf vorbei am Haltepunkt ⸱⸱⸱⟩ **Reutlingen-Sondelfingen**, Richtung Osten neben der Bundesstraße 313. Nach rechts eröffnet sich ein reizvoller Blick in das hier weite Tal der Erms, die gleich überquert wird. Der Fluss kommt aus der Gegend von Bad Urach und seinem Wasserfall durch Metzingen und mündet bei Neckartenzlingen in den Neckar. Nach kurzer Fahrt ist der Bahnhof von ⸱⸱⸱⟩ **Metzingen** erreicht. Von hier aus führt das Gleis der *Ermstalbahn* nach Bad Urach. Die *Stadt der Sieben Keltern* liegt zur Linken.

Ihre Wahrzeichen findet man schnell, wenn man ein Stück auf der Schönbeinstraße zum Kelternplatz läuft: mächtige Gebäude aus dickem Holzfachwerk mit Walmdächern – die sieben Keltern der Stadt. Aufwändig restauriert belegen sie, dass es sich bei den benachbarten Weinbergen um eine besonders gute Lage handelt, die der Stadt auch Reichtum brachte. Die Böden der ehemaligen Schlote des *Schwäbischen Vulkans* und das milde Klima hier machen das Produkt dieser *Weininsel* im Alb-

Historische Keltern in Metzingen.

Tälesbahn auf der Fahrt von Neuffen nach Nürtingen.

vorland zu einem besonderen Getränk, das im Mittelalter schon die Mönche von Kloster Zwiefalten schätzten. Heute ist in der ehemaligen Herrschaftskelter das *Weinbaumuseum* untergebracht, in einer anderen die *Weingärtnergenossenschaft Metzingen-Neuhausen* mit Vinothek, in den übrigen befinden sich Stadtbibliothek und Restaurants, die offenen Keltern werden für den Markt genutzt. Durch die *Küferstraße* gelangt man in die alte Hauptstraße der Stadt, die *Reutlinger Straße*, und zum markanten Rathaus von 1668. Am südlichen Ende der *Reutlinger Straße* bildet der modern umgebaute *Lindenplatz* den Übergang von der kleinteiligen Altstadt in die *Outletcity* mit puristischer Architektur zu beiden Seiten der Erms. Mehr als 60 Geschäfte und Unternehmen mit Schwerpunkt Kleidung haben sich hier zusammengetan. Aus der Stadt mit einstiger Textilindustrie wurde Metzingen zur »Hauptstadt des Fabrikverkaufs«, zum »Mekka für Schnäppchenjäger«, einem der größten Outlet-Standorte Deutschlands. Der Rückweg führt uns an der etwas dezentral stehenden *Martinskirche*, deren Turm 1613 von Heinrich Schickhardt erhöht wurde, vorbei wieder zum Bahnhof zurück.

Der Zug fährt östlich des Nachbarorts Riederich vorbei über Bempflingen, Haltepunkt ···⦂ **Bempflingen**, eine Gemeinde, die schon 1090 erstmals erwähnt wird und damals zur Grafschaft Achalm gehörte. Von Metzingen bis Nürtingen fahren wir durch eine reizvolle und abwechslungsreiche Landschaft mit kleinen Wäldchen, Feldern, Wiesen, Streuobstwiesen, Bachläufen, wie sie für das Albvorland charakteristisch ist. Entlang des Tals der Autmut verlässt die Bahn langsam diese Landschaft, schwenkt wieder in das Tal des Neckars ein und folgt in mehr oder weniger großem Abstand seinem Verlauf im Keuper. Auf der anderen Seite links liegt Neckartailfingen, das früher einen eigenen Haltepunkt hatte. Wir fahren schließlich nahe am rechten Ufer des Flusses entlang, links sehen wir Neckarhausen. Nach rechts können wir auch noch einen kurzen Blick auf den Hohenneuffen und die Ruine der Festung erhaschen.

Kurz nach der Überquerung der Bundesstraße B313 kommt von rechts die Bahnstrecke der *Tälesbahn* aus Richtung Neuffen hinzu, dann erfolgt die Einfahrt in den am östlichen Rand der Altstadt gelegenen Bahnhof ⇥ **Nürtingen** (283 m ü. NHN). Die Altstadt ist auf einem ehemaligen Umlaufberg des Neckars errichtet.

Wir empfehlen den von der Stadt angebotenen historischen Rundgang, der am Bahnhof beginnt, gehen auf der *Bahnhofstraße* in südliche Richtung, biegen dann nach rechts in die Altstadt zum *Schillerplatz*. Erste Haltepunkte sind die *Kreuzkirche* und der markante Fachwerksbau der *Alten Schmiede*. Das *Rathaus* von 1476/77 mit dem harmonisch hinzugebauten Neubau dominiert die *Marktstraße*.

Ein Abstecher führt uns an der südwestlichen Ecke der Altstadt zum *Blockturm*. Der Verlauf der einstigen Stadtbefestigung ist hier noch gut zu erkennen, aber nur der *Blockturm* mit Wehrmauer (ehemaliges Gefängnis) ist heute erhalten. Wir gehen wieder ein Stück zurück und am Rathaus vorbei zum spätbarocken dominanten Ensemble an der *Marktstraße* mit Lateinschule, Vogtei und Stadtschreiberei, seit dem Wiederaufbau im 18. Jahrhundert ein markanter Gebäudekomplex. Er bildete bis ins 20. Jahrhundert das Zentrum der Amts- und Schulstadt Nürtingen. Die Lateinschule – seit 1481 nachweisbar – war weit über das Land bekannt. Ihre berühmtesten Schüler waren Philipp Matthäus Hahn, Friedrich Schelling und Friedrich Hölderlin. Der Schriftsteller Peter Härtling (1933–2017) lebte nach dem Krieg einige Jahre in Nürtingen und bereitete die Lebensgeschichte Hölderlins in einer Romanbiografie auf.

Nun geht es hinüber zur Stadtkirche *St. Laurentius*. Ein eindrucksvoller Fachwerkbau ist der *Salemer Hof*, der *Pfleghof* des Zisterzienserklosters Salem. Nach Süden führt ein Abstecher über die Steinach zum *Stadtmuseum*. Von der Neckarbrücke, auch *Stadtbrücke* genannt, zeigt sich die Schauseite der Stadt mit dem Fluss im Vordergrund: Hinter der leicht aufsteigenden Häuserzeile mit wenigen restaurierten Fachwerkhäusern dominiert der Turm der Stadtkirche *St. Laurentius*, an dem auch Heinrich Schickhardt gebaut hat.

Vergleicht man die Stadtansicht mit historischen Abbildungen, so ist nicht viel übrig geblieben: Die Stadt wurde 1750 durch einen Großbrand fast völlig zerstört. An das Schloss, das vom 15. bis zum 17. Jahrhundert Witwensitz des Hauses Württemberg war, 1770 abgerissen, erinnern nur die Namen *Schlossberg* und *Schlossgartenstraße*. Wir gehen die *Neckarsteige* hoch, unten links im Haus Nr. 36 wohnte Eduard Mörike. Er ließ sich 1870/71 im Haus seiner Tante nieder. In der *Neckarsteige* 1, wo heute die Volkshochschule untergebracht ist, stand einst der

Die Neckarseite von Nürtingen.

1622 erbaute *Schweizerhof* und von 1774 bis 1795 das Elternhaus von Hölderlin (1770–1843). In der Nähe befindet sich das ehemalige Spital, 1526 gegründet als städtische Einrichtung für karitative Zwecke, nach dem Stadtbrand in barockem Stil neu gebaut. 1843 befand sich hier das zweite Evangelische Lehrerseminar in Württemberg, 1949 die *Höhere Landbauschule*, seit 1972 Fachhochschule, seit 2004 *Hochschule für Wirtschaft und Umwelt*.

Nun geht's wieder zum Bahnhof.

Tipp für geübte Radfahrer: Museumsradweg Nürtingen – Holzgerlingen – Weil der Stadt

Der Museumsradweg von Nürtingen nach Weil der Stadt verläuft auf rund 50 Kilometern das Aichtal aufwärts und das Würmtal abwärts über Aichtal, Waldenbuch, Schönaich, Holzgerlingen und Grafenau. Die Strecke führt an kulturellen, musealen und heimatgeschichtlichen Attraktionen vorbei, u. a. am *Schulmuseum Grötzingen*, *Häfnermuseum Neuenhaus*, *Museum der Alltagskultur* und *Museum Ritter* in Waldenbuch, *Heimatmuseum* und *Burg Kalteneck* in Holzgerlingen, *Keplermuseum* in Weil der Stadt. Wer nicht die gesamte Strecke fahren möchte, kann in Holzgerlingen mit der *Schönbuchbahn* zum S-Bahn-Anschluss nach Böblingen (S 1) gelangen. In Weil der Stadt kann die S 6 oder S 61 nach Stuttgart genommen werden.

Links: Der »Hohentwiel« von Oberboihingen.
Rechts: Das ehemalige »Bahnhöfle«.

Der Zug verlässt Nürtingen, wir kommen rechts an zwei ehemaligen Baggerseen vorbei, die es hier im Tal häufiger gibt, und gelangen nach Oberboihingen, Haltepunkt ⤳ **Oberboihingen**. Das alte Bahnwärterhäuschen und *Bahnhöfle* ist noch erhalten. Eine Besonderheit waren zwei Bahnübergänge, die von einem Schrankenwärter mechanisch über eine Kurbel bedient wurden, als letzter Schrankenposten in Baden-Württemberg. Die Bahnübergänge wurden 2012 durch eine Unterführung ersetzt und der Schrankenposten aufgegeben. Eine besondere Sehenswürdigkeit Oberboihingens ist das alte evangelische Pfarrhaus *Hohentwiel* von 1467. Es handelt sich dabei um das älteste Pfarrhaus im Landkreis Esslingen. Eduard Mörike lebte 1826 ein halbes Jahr in Oberboihingen.

Es geht weiter neckarabwärts, wir unterqueren die Autobahn A8. Hier entsteht im Zuge der Neubaustrecke Stuttgart–Ulm ein Verflechtungsbauwerk, über das in einigen Jahren Züge aus dem Neckartal aus beiden Richtungen mit der Schnellbahnstrecke verbunden werden.

Sogleich folgt ⤳ **Wendlingen am Neckar**. Die heutige Stadt Wendlingen entstand 1939 aus den ehemals selbstständigen Gemeinden Wendlingen, Bodelshofen und Unterboihingen. Die Adelsfamilie Thumb von Neuburg ist seit 1739 Besitzer des Schlosses in Unterboihingen. Die *Eusebiuskirche* in Wendlingen prägt das Bild des *Städtle*. Von der Stadtmauer sind nur noch wenige Reste erhalten. Seit 2004 gibt es in Wendlingen am Neckar das *Stadtmuseum*. Der Museumsort ist Teil eines denkmalgeschützten Gebäudeensembles, bestehend aus einem barocken Pfarrhaus, einer Pfarrscheuer, einer Drittelscheuer, einem Back- und Waschhaus und einer idyllischen Gartenlaube. Außerdem gibt es einen Garten, der früher als Pfarrgarten genutzt wurde und heute Teil der Museumsanlage ist.

Im Bahnhof Wendlingen zweigt die *Teckbahn* nach Kirchheim unter Teck ab, die 2009 zur S-Bahn ausgebaut wurde. Die S 1 ist von Herrenberg im Kreis Böblingen bis nach Kirchheim unter Teck mit 73 Kilometern die längste S-Bahn-Strecke in der Region. Von Kirchheim unter Teck fährt die sogenannte kleine Teckbahn weiter bis nach Oberlenningen.

Ein Halt hier lohnt sich, will man die Neckarbrücke von Heinrich Schickhardt besichtigen. Dazu müssen wir den Bahnhof verlassen und auf der Brücke der L1200 die Bahnanlagen überqueren. Von der Brücke dieser Landesstraße über den Neckar haben wir einen guten Blick auf die *Ulrichsbrücke*, die der Baumeister des württembergischen Herzogs, Heinrich Schickhardt, 1603 anstelle alter Vorgängerbauten konstruierte. Schon die Kelten wie auch die Römer nutzten an dieser Stelle eine Furt.

Die von Heinrich Schickhardt erbaute Ulrichsbrücke mit Stele.

Alle drei Bahnstrecken haben etwas gemeinsam: Nach Fertigstellung der *Oberen Neckarbahn* (1859) realisierten in der Nähe gelegene Städte mit Stichbahnen den Anschluss an die Hauptbahn, andererseits suchte man Möglichkeiten, diese Strecken über die Alb hinweg mit Ulm zu verbinden. 1864 Bahn nach Kirchheim, 1899 bis Oberlenningen. 1873 wird die *Ermstalbahn* bis nach Urach eröffnet. 1900 erreichte die *Tälesbahn* Neuffen. Auf Letzterer werden mit dem *Sofazügle* von der *Gesellschaft zur Erhaltung von Schienenfahrzeugen e. V.* historische Sonderfahrten durchgeführt. (Infos: www.sofazuegle.de, Rathaus Nürtingen, Telefon: 07022 75-381 oder -282).

Der Zug fährt nun rechts des Neckars an mehreren Seen vorbei, die von 1935 bis 1958 durch die Kiesgewinnung entstanden sind. Sie stellen heute wichtige »Biotope aus zweiter Hand« dar, wertvolle Ersatzlebensräume für wassergebundene Pflanzen und Tiere. Daher wurden die Wernauer Baggerseen 1981 und der südwestlich angrenzende Neckarwasen 1992 als Naturschutzgebiete geschützt. Vor der Unterschutzstellung waren die Baggerseen von Verfüllung und vollständiger Bebauung bedroht. Heute haben sich die Schutzgebiete, fast 50 Hektar, zu den bedeutendsten Brut- und Rastgebieten für die Vogelwelt in der Region Stuttgart entwickelt.

Das Naturschutzgebiet »Wernauer Baggerseen« – hochwertiges »Biotop aus zweiter Hand«.

Links: Hundertwasserhaus. Rechts: S-Bahn-Betriebswerk Plochingen.

Der nächste Bahnhalt ist ⋯⟩ **Wernau**. Die Stadt entstand 1938 durch den Zusammenschluss der beiden Gemeinden Pfauhausen und Steinbach und erhielt den Namen des alten schwäbischen Adelsgeschlechts Wernau. Im Ortsteil Steinbach liegt das Schloss der Freiherren von Palm. Es steht der Öffentlichkeit nicht zur Besichtigung offen.

Naturschutzgebiet Wernauer Baggerseen

Dieses Naturschutzgebiet lässt sich gut erleben mit einer (Rad-) Wanderung. Dazu verlassen wir in Wendlingen die Bahn, überqueren den Neckar bei der uns schon bekannten *Ulrichsbrücke* und nehmen den linksufrigen Neckartal-Radweg. Er führt uns unmittelbar am Naturschutzgebiet vorbei. Informationstafeln erklären die Natur. In Wernau überqueren wir den Neckar und gelangen schnell zum Bahnhof. Es besteht aber auch die Möglichkeit, den Neckartal-Radweg weiter flussabwärts zu nehmen. Man gelangt dann in das gegenüber der Filsmündung gelegene Areal *Bruckenwasen* der Landesgartenschau Plochingen (1998). Neckarsteg und Bahnunterführung führen uns zum Bahnhof Plochingen.

Neckarhafen Plochingen – Endpunkt der Bundeswasserstraße Neckar.

Wir nähern uns in einem leichten Bogen Plochingen, durchfahren das »Plochinger Dreieck«, die Verknüpfung der Bundesstraßen B10 und B313, und überqueren sogleich die von rechts von der Alb her fließende Fils. Vor uns auf einem Hügel über der Altstadt dominiert die evangelische Stadtkirche *St. Blasius* von 1488. Der Zug mündet in die Gleise der aus dem Filstal führenden *Filstalbahn* Stuttgart–Ulm–München. Nicht zu übersehen sind die goldenen Kugeln des *Hundertwasserhauses*. Friedensreich Hundertwasser (1928–2000), der österreichische Künstler und Gegner der *geraden Linie*, verwirklichte hier von 1991 bis 1994 das Gebäude *Wohnen unterm Regenturm*. Daher trägt Plochingen das Prädikat *Hundertwasser-Stadt*. Das Bahnhofsgebäude am Bahnhof **⸱⸱⸱⸱ Plochingen** ist stattlich. Plochingen ist ein Verkehrsknotenpunkt und Stützpunkt für die S-Bahn Stuttgart; die Triebwagen der S-Bahn werden im S-Bahn-Betriebswerk Plochingen gewartet. Hier ist der Neckarhafen (Stauhaltung 247,3 m ü. NHN) seit 1968 Endpunkt des schiffbaren Neckars.

Von nun an durchfahren wir mit dem Zug bis Ludwigsburg eine Siedlungs-, Stadt- und Industrielandschaft, die aber immer wieder von naturnahen Landschaften, Tälern und Bergen durchbrochen ist. Hier, von der Filsmündung an, hat der Neckar einen auffallenden Knick gemacht, das sogenannte *Plochinger Knie*, eine Folge langer erdgeschichtlicher Entwicklungen und Abläufe, deren Erklärung hier den Rahmen sprengen würde. Von hier an beginnt der Mittellauf des Neckars.

Von Plochingen nach Stuttgart

VORBEI AN KESSLER UND DAIMLER
IN DIE SCHWABENMETROPOLE

*Aber nun beginnt der Kampf der Natur mit der Industrie, die ihm bald aus
dem Filstal entgegenströmt. Von Esslingen streiten sich Weinberge und Fabriken um Platz an seinen Ufern. Hier riecht es nach Schweiß, Kraut, Akazien-
blüten, Laugenbrezeln, Bohnerwachs, Dieselöl und Wein. Hier wird der Neckar
zum Knecht und Packesel der Industrie.*
(Thaddäus Troll, Weinfluss Neckar)

In Plochingen, wie auch bereits in Wendlingen, können wir vom Regionalexpress oder von der Regionalbahn auf die S-Bahn Richtung Stuttgart-
Hauptbahnhof wechseln. So haben wir Gelegenheit, an einzelnen Stationen
auszusteigen, an denen sonst vorbeigefahren würde.

Wir fahren also mit der S-Bahn aus dem Bahnhof Plochingen. Linker Hand
sehen wir gleich die ausgedehnte Abstellanlage des S-Bahn-Betriebswerks, das
»Herz« des 215 Kilometer langen S-Bahn-Netzes der Region Stuttgart. Rund um
die Uhr werden hier die Triebwagen durchgecheckt.

Bundeswasserstraße Neckar

Der Neckar ist ab Plochingen, von Kilometer 201,5 an, kanalisiert und mit Stauhaltungen als Bundeswasserstraße ausgebaut. 1921 begann der Bau zur *Großschiff-
fahrtsstraße.* Die landschaftsgerechte Planung der Stauhaltungen und Schleusen
besorgte der Architekt Paul Bonatz. 1935 wurde der Kanalhafen Heilbronn eröffnet, während des Zweiten Weltkriegs ruhte die Bautätigkeit, 1949 wurden die
Baumaßnahmen wieder aufgenommen. 1958 erreichte man den Hafen Stuttgart,
1968 den Hafen Plochingen. 201,5 Kilometer sind nun schiffbar. Geplant war
einmal ein Kanal von Plochingen durch das Filstal mit Schiffshebewerken nach
Ulm zur Donau, sogar weiter bis an den Bodensee (1919 Reichswasserstraße, 1921
Unterzeichnung des Neckar-Donau-Staatsvertrags zum Bau der Neckar-Donau-
Wasserstraße).

Anzahl der Staustufen: 27, davon 26 mit Wasserkraftwerken, Höhenüberwin-
dung 161 Meter. 2012 transportierten 7332 Binnenschiffe 7,5 Millionen Tonnen

Das Kraftwerk in Altbach von der Neckarbrücke aus.

Güter. Touristik- und Ausflugsschiffe verkehren hier. Große Binnenhäfen gibt es in Plochingen, Stuttgart, Heilbronn und Mannheim.

Gleich tauchen die hohen Schornsteine eines der modernsten Kohlekraftwerke Deutschlands links vor uns auf – das »Erkennungszeichen« für den Ort ⋯⟫ **Altbach**. Links sind am Baumbestand der Ufergehölze die Reste eines alten Neckarverlaufs erkennbar. Im Zuge des Neckarausbaus in den Jahren 1933/34 wurde die Neckarschlinge durchstochen. Der östliche Teil des Altwassers wurde zu einem Oberkanal für ein 1998 demontiertes Wasser- und Dampfkraftwerk ausgebaut. Der westliche Teil ist als Altarm erhalten, ein wichtiges Rückzugsgebiet für Tierarten und daher mit 21 Hektar Größe als Naturschutzgebiet *Alter Neckar* geschützt. Sogleich kommt ⋯⟫ **Zell**, seit 1974 ein Stadtteil von Esslingen, dann ⋯⟫ **Oberesslingen**, für den S-Bahn-Fahrer der nächste Halt. Oberesslingen wird bereits 1208 erstmalig erwähnt, ist seit 1913 nach Esslingen eingemeindet und heute zweitgrößter Stadtteil. Es stehen noch einige sehenswerte Fachwerkhäuser, so das ehemalige Zollhaus, der ehemalige *Gasthof zum Deutschen Haus*, auch ein ehemaliger Hof der Grafen von Rechberg mit der Jahreszahl 1546. Links zum Neckar hin begleiten uns Industrie- und Gewerbegebiete. Dann fahren wir in den Bahnhof von ⋯⟫ **Esslingen** ein.

Esslingen verbinden viele vor allem mit zwei Namen: Kessler und Hengstenberg. Der erste Name gehört zwei unterschiedlichen Familien und wird auch verschieden geschrieben. Da ist einmal **Georg Christian Kessler**, 1787 in Heilbronn geboren. Er ging dort aufs Gymnasium, lernte Französisch und kam als junger Kaufmann nach Reims in eine bedeutende Champagnerfirma. Dort bewährte sich Kessler, erlernte das Gewerbe des moussierenden Weins und erhielt die Prokura. Unstimmigkeiten im Betrieb, letztlich der Tod seiner Frau 1825, brachten ihn wieder nach Württemberg. In Esslingen engagierte er sich beim Aufbau einer Textilfirma. Die Fabrik entstand auf der *Maille*, der von den Neckarkanälen in der Altstadt gebildeten Insel, und beschäftigte 300 Arbeiter. 1826 besann er sich auf den Wein, gründete mit Heinrich Georgii die Schaumweinfabrik G. C. Kessler & Co. und stellte »moussierende Weine nach Champagnerart« her. Die Weingärtner hier profitierten von der Firma wie auch die Glashersteller im Nordschwarzwald. 1842, im Todesjahr Kesslers, wurden bereits 140 000 Flaschen produziert. Mit dem Erfolg begann der Erwerb der Keller und Gebäude auf dem Areal des ehemaligen *Speyrer Pfleghofes* zwischen der Esslinger Stadtkirche *St. Dionys* und dem *Alten Rathaus*. Bis heute ist dies der Sitz von *Kessler Sekt*, der ältesten Sektkellerei in Deutschland.

Der andere Keßler schreibt sich mit »ß« und war ebenfalls ein unternehmerischer Tüftler. **Emil Keßler** wurde in Baden-Baden geboren und studierte in Karlsruhe. 1837 gründete er in Karlsruhe die Firma *Maschinenfabrik Emil Kessler und Theodor Martiensen* und baute 1841 die erste Lokomotive mit dem Namen *Badenia* für die *Großherzoglich Badische Staatseisenbahn*. Um den Eisenbahnbau für die *Königlich Württembergischen Staats-Eisenbahnen* in die Wege zu leiten, holte die *Königliche Württembergische Eisenbahnkommission* im Jahr 1840 Angebote ein. Keßler, inzwischen Alleininhaber der *Maschinenbau-Gesellschaft Karlsruhe*, erhielt den Auftrag zur Lieferung von 15 Lokomotiven. Die ersten sechs Maschinen für Württemberg kamen also aus Karlsruhe, die anderen aus dem von Keßler inzwischen gebauten Werk in Esslingen. Da Württemberg für die entstehenden Eisenbahnen eine eigene Produktionsstätte haben wollte, gründete Keßler 1846 die *Maschinenfabrik Esslingen AG* (ME), direkt am damals noch unregulierten Neckar westlich der *Pliensaubrücke*. Die erste Lokomotive dieses Werks taufte man 1847 auf den Namen ESSLINGEN. Die *Maschinenfabrik Esslingen* wurde der Hauslieferant der *Königlich Württembergischen Staats-Eisenbahnen (K.W.St.E.)*, auch für Wagen und Zubehör. Zu Keßlers Lebzeiten fertigte die Fabrik insgesamt etwa 800 Lokomotiven. Die Esslinger Schienenfahrzeuge waren wegen ihrer Eignung für Gebirgsregionen auch gefragte Exportprodukte. 1913 wurde das neue Werk in Mettingen erbaut. Hier entstanden die verschiedensten Lokomotiven, auch diesel- und elektrisch betriebene. 1965 ging das Unternehmen an die *Daimler-Benz AG*.

Der dritte mit Esslingen eng verbundene Familienname ist Hengstenberg. Mit der ganzen Mitgift seiner Frau beteiligte sich **Richard Hengstenberg** 1876 an einer Fabrik, die ebenfalls guten Wein benötigt: einer Essigfabrik. Die ersten Produkte waren Essig, Gurken und Senf. Der Betrieb wuchs und wurde daher 1895 aus der Altstadt heraus in die Mettinger Straße verlegt. Die Markennamen *Altmeister* für Essige und *Mildessa* und *Rotessa* für Krautprodukte sind bis heute ein Begriff. Vom Zug aus ist der Firmenname auf dem Verwaltungsgebäude zu lesen.

Diese drei Unternehmen mögen als Beispiel dienen, welchen Schwung die Industrialisierung in Esslingen nahm. Aber schon vorher war Esslingen eine wirtschaftlich bedeutende und reiche Stadt aufgrund der günstigen Lage an der alten Fernstraße vom Rhein nach Oberitalien, die hier die Engstelle des Neckartals überquerte.

Die besonnten Rebhänge im Norden, schon im 8. Jahrhundert gab es hier Weingärten, reichen mit einem Streuobstgürtel bis an den Schurwald, die größtenteils bewaldeten Hänge im Süden ziehen sich hinauf auf die fruchtbare Filderebene. In der Römerzeit gab es zwischen den bedeutenden Siedlungen Köngen und Cannstatt nur einen Gutshof und eine Villa.

777 ist das Jahr der ersten urkundlichen Erwähnung, und zwar als Pilgerort. Später folgten das Marktrecht und das Recht, Münzen zu prägen. Von da an gewann die Stadt zunehmend an Bedeutung. Friedrich I. Barbarossa machte sie zur *Reichslandstadt*. Besonders die staufischen Herrscher prägten im 13. Jahrhundert Esslingen, das wohl 1229 Stadtrechte erhielt. Die Stadtkirche *St. Dionys* mit dem gegenüberliegenden *Pfleghof* und die Brücke über den Neckar stammen aus dieser Zeit, Klöster siedelten sich innerhalb der Mauern der wohlhabenden Stadt an. 1488 hielt man hier einen Reichstag ab, auf dem der Schwäbische Bund als Gegenmacht zu Württemberg gegründet wurde.

Das 17. Jahrhundert mit Dreißigjährigem Krieg, Pfälzischem und Spanischem Erbfolgekrieg, Aufnahme von Flüchtlingen, Pest, Hunger, Stadtbränden bedeutete harte Zeiten für die Stadt. Sie behielt aber ihre Selbständigkeit bis 1803, als sie zu Württemberg kam. Mit Beginn des 19. Jahrhunderts setzte eine starke Industrialisierung ein, die durch den Eisenbahnbau gefördert wurde. Esslingen entwickelte sich zur Industriestadt, die Platz benötigte. So entstand am linken Neckarufer die *Pliensauvorstadt*. Einschneidende Veränderungen durch den Zweiten Weltkrieg erfuhr die Stadt glücklicherweise nicht, sondern eher durch die Kanalisierung des Neckars: Kanal- und Straßenbauten zerstörten die historische *Pliensaubrücke*, und die Motorisierung zerriss historisch gewachsene Bezirke im Stadtkern.

Esslingen mit seinem Altstadtflair ist auf jeden Fall ein Erlebnis. Neben Limburg an der Lahn und Göttingen ist sie angeblich die Stadt mit den ältesten Fachwerkhäusern Deutschlands. Einzelne Häuser stammen nachweislich aus der Zeit um 1262. Über 1000 Denkmäler sind im Stadtkern zu finden. Ein Stadtrundgang beginnt am besten in der Bahnhofstraße. Auf ihr gelangen wir zu den beiden durch die Altstadt fließenden Neckararmen: *Roßneckar* und *Wehrneckar*, die in Verbindung mit vielen Kanälen, gefassten Altarmen des Neckars, die Stadt durchziehen. Früher ver- und entsorgten sie die Stadt, heute vermitteln sie ein Gefühl von Klein-Venedig, beleben die Stadt, laden zum Bootfahren ein.

Vorbei am *Schelztorturm* erreicht man die *Agnesbrücke* am Zusammenfluss der Neckararme. Die *Alte Zimmerei* sitzt auf der Inselspitze. Wir erkennen dahinter an der Südseite des Marktplatzes die Stadtkirche *St. Dionys* an ihren zwei Türmen, die in der Höhe mit einer holzverkleideten Brücke verbunden sind. Diese dient seit Mitte des 17. Jahrhunderts dazu, einen Einsturz des Südturms zu verhindern! Besonders sehenswert ist das *Ausgrabungsmuseum* (Archäologisches Museum) unter der Stadtkirche mit Fundamenten der ältesten Vorgängerbauten.

Links: Altes Rathaus, Ostseite des Fachwerkbaus. Rechts: Blick von der Burgstaffel auf die Altstadt.

Wir kommen zum *Marktplatz*. Links davon steht das Münster *St. Paul*, angeblich die älteste vollständig erhaltene Dominikanerkirche Deutschlands, eine Basilika ohne Turm und Querhaus, mit ehemaligem Kreuzgang und Garten. Dahinter, getrennt durch die stadtautobahnähnliche Berliner Straße, schaut die gotische *Frauenkirche* mit ihrem imposanten Turm hervor. Am *Georg-Christian-von-Kessler-Platz* auf der Chorseite der *Stadtkirche* steht die *Allerheiligenkapelle* von 1324, 1610 von Schickhardt zum Stadtarchiv umgebaut, und der ehemalige *Speyrer Pfleghof* mit der Sektkellerei.

Nun folgt der *Rathausplatz* mit dem *Neuen Rathaus* im *Oberen Palmschen Bau*, ein Gebäude des 18. Jahrhunderts. Der Blick in die Gegenrichtung geht auf das als Kauf- und Steuerhaus errichtete repräsentative *Alte Rathaus* von 1422/23. Bemerkenswert ist die Nordseite mit der 1586 bis 1589 vorgesetzten roten Renaissance-Fassade. Hofbaumeister Schickhardt gestaltete einen geschwungenen Staffelgiebel, geziert vom Glockentürmchen und einer astronomischen Uhr. Eindrucksvoll ist das Fachwerk der Ost- und Südfassade.

In mittelalterliche Stimmung versetzt werden die Besucher verschiedener Märkte, insbesondere des Weihnachtsmarkts. Die Stadt wird überragt von der »Burg«, die keine Burg ist, sondern zur ehemaligen Stadtbefestigung gehört, die im 13. und 14. Jahrhundert angelegt wurde. 1525 ergänzte man die Anlage mit dem als Geschützturm angelegten *Dicken Turm*, er ist das Wahrzeichen der Stadt. Im 18. Jahrhundert kam die *Hochwacht* hinzu. Ein großartiges Erlebnis ist der Aufstieg auf der *Burgstaffel* mit 315 Stufen von der *Oberen Beutau* aus auf die Höhe

Blick auf die Innere Brücke. Links die Nikolauskapelle.

Blick durch die Weinberge auf das Daimler-Werk Mettingen mit dem historischen Gebäude der ehemaligen Maschinenfabrik Esslingen.

mit den Türmen, der Ausblick auf die Altstadt und der Abstieg auf der Burgsteige durch die Weingärten wieder zum *Marktplatz* zurück.

Durch schmale Gässchen gelangen wir über den *Hafenmarkt* mit dem *Gelben Haus*, in dem das *Stadtmuseum* untergebracht ist, die Milchstraße abwärts zur *Inneren Brücke*. Mit zehn Bögen überspannt die gewaltige mittelalterliche Brücke, auf der Häuser aus verschiedenen Epochen mit heute 22 (!) Läden stehen, die beiden Neckarkanäle und die *Maille*. Die gotische *Nikolauskapelle* auf der Brücke stammt von 1300 und ist dem Patron der Schiffer und Flößer geweiht. Sie dient seit 1956 als Gedenkstätte für die Opfer des Nationalsozialismus. Die »Ponte Vecchio von Esslingen« ist die zweitälteste Steinbrücke in Deutschland! Bis zur Kanalisierung des Neckars stellten die *Pliensauer Brücke*, also die *Äußere Brücke* draußen vor der Stadt, die Pliensauer Straße und die anschließende *Innere Brücke,* über Jahrhunderte hinweg den wichtigsten Neckarübergang dar.

Die *Maille* heißt der Park in Insellage zwischen *Roßneckar* und *Wehrneckar*, auf der im 17. Jahrhundert gerne das Paille-Maille-Spiel, ein Ballspiel ähnlich dem Krocket, gespielt wurde. Über die *Pliensaustraße* erreichen wir wieder den Bahnhof.

Beim Verlassen von Esslingen fahren wir kurz unmittelbar entlang des Neckars und werfen einen Blick auf die steilen Mauerweinberge, die uns bis Bad Cannstatt begleiten werden. Es geht durch ···⟩ **Mettingen**, ebenfalls ein Esslinger Stadtteil. Das Bahnhofsgebäude ist von Paul Bonatz erbaut. Den Hang hoch ziehen sich die bekannten Reblagen *Röder* und *Halberg*. Auffallend ist der Turm der Mettinger Kirche (rechts) mit seinen kleinen Ecktürmchen. Bekannt ist Mettingen durch die *Maschinenfabrik Esslingen* geworden (links), die 1913 von Esslingen hierher verlegt wurde und seitdem den Charakter des Weinortes veränderte. Mehrere Tausend Lokomotiven und Triebwagen wurden hier gebaut; das letzte Fahrzeug verließ die Fabrik im Oktober 1966. Dann wurde das Werk von der *Daimler-Benz AG* übernommen. Das alte Gebäude inmitten des Werksgeländes ist heute noch erhalten.

G leich sind wir in ⋯⦙ **Obertürkheim** und damit innerhalb der Grenzen der Landeshauptstadt Stuttgart. Obertürkheim wurde 1922 nach Stuttgart eingemeindet. Der Fund eines alamannischen Fürstengrabes auf dem nahen *Ailenberg* (rechts) weist auf eine frühe Geschichte hin. Dort steht seit 1575 der *Mélacturm*, der noch zu den Befestigungen der Stadt Esslingen gehört. So war Obertürkheim damals Grenzort zwischen Württemberg und der damaligen *Reichslandstadt* Esslingen.

Obertürkheim wie auch die anderen rechtsufrigen Orte im Bereich der Stadt Stuttgart sind bekannte Weinorte mit berühmten Weingärtnergenossenschaften, Weingütern und vielen Besenwirtschaften, die den Besuch des Lesers erwarten. Fast mitten im Weinberg auf einer Erhöhung sitzt die evangelische *Petruskirche*, die auf eine romanische Kapelle aus dem Jahr 1285 zurückgeht, 1484 zur gotischen Kirche erweitert. Im benachbarten Uhlbach, versteckt zwischen den Reben tragenden sanften Keuperhängen, befindet sich in der *Alten Kelter* das *Weinbaumuseum Stuttgart*.

Schnell ist ⋯⦙ **Untertürkheim** erreicht. Ein Name prägt den seit 1905 zu Stuttgart gehörenden Stadtteil: Daimler. Man geht hier »zum Daimler« zur Arbeit. 1904 verlegten die Autopioniere Gottlieb Daimler und Wilhelm Maybach die Produktion der *Daimler-Motoren-Gesellschaft DMG* von Cannstatt in die Neckaraue bei Untertürkheim. Zu Beginn des Ersten Weltkriegs arbeiteten hier rund 3000 Beschäftigte. Heute erstreckt sich das Firmenareal entlang des Neckars von Bad Cannstatt über Untertürkheim bis Esslingen-Mettingen. Fast 18 000 Beschäftigte arbeiten hier. Die historische Schmiede der *DMG* ist heute noch erhalten. Seit 2006 ist in Untertürkheim der Konzernsitz.

Vor der Zeit des Automobils waren hier auch Pioniere am Werk: Die erste Württembergische Eisenbahn fuhr 1845 auf dem ersten Abschnitt der sogenannten *Zentralbahn* von Cannstatt bis Untertürkheim. Für die Ansiedlung der *DMG*, wie auch später für andere Betriebe, war der Anschluss an die Bahn von großem Vorteil. Seit 1958 haben Unter- und Obertürkheim wie auch Wangen und Hedelfingen auf der gegenüberliegenden Seite Anteil am Stuttgarter Hafen, ein weiterer Standortvorteil für Industrie und Gewerbe. Das Hafengebiet umfasst fast 100 Hektar Fläche, drei Hafenbecken und eine Hafenbahn von 32 Kilometern Länge. Rund 3,5 Millionen Tonnen Waren werden hier jährlich umgeschlagen.

Zum Stadtbezirk Untertürkheim gehören noch die idyllisch in den Weinbergen gelegenen Orte *Luginsland* und *Rotenberg*. Sehenswert ist in Untertürkheim die *Stadtkirche* mit der von HAP Grieshaber 1970 geschaffenen Altarwand. Ober-

Grabkapelle auf dem Württemberg.

halb in den Weinbergen auf einem Ausläufer des Schurwalds thront die Grabkapelle. Das Mausoleum auf dem *Württemberg* wurde für die zweite Frau des württembergischen Königs Wilhelm I., Katharina Pawlowna, nach Plänen des Hofbaumeisters Giovanni Salucci gebaut. Zuvor stand hier die *Burg Wirtemberg*, die Stammburg des Hauses Württemberg. Eine der Inschriften lautet: »Seiner Vollendeten Ewig Geliebten Gemahlin Catharina Paulowna Grosfürstin von Russland hat Diese Ruhestätte Erbaut Wilhelm König von Württemberg im Jahr 1824«. Der König und die gemeinsame Tochter Charlotte wurden auch hier bestattet.

Erste Eisenbahnstrecke in Württemberg

1843 war das Eisenbahngesetz für das Königreich Württemberg verabschiedet worden. Es sah zwei Hauptlinien vor, die, mit Stuttgart als Mittelpunkt des Landes, auf schnellstem Wege die beiden Schifffahrtsstraßen Neckar und Donau mit dem Bodensee zwischen Heilbronn und Friedrichshafen verbinden sollten. Am 20. Juni 1844 erfolgte der erste Spatenstich für die *Zentralbahn* Ludwigsburg–Esslingen mit der Neckarbrücke bei Cannstatt, dem *Rosenstein-* und dem *Pragtunnel*. Die erste Teilstrecke davon zwischen Cannstatt und Untertürkheim wurde als erste Eisenbahnstrecke in Württemberg am 22. Oktober 1845 eröffnet. Wenige

Auf dem Wasen beim Cannstatter Volksfest.

Tage später folgte der Abschnitt Untertürkheim–Obertürkheim, drei Wochen später die Fortsetzung bis Esslingen. Erst ein Jahr später – die Tunnelbauten waren der Grund der Verspätung – wurde die Strecke Cannstatt–Ludwigsburg übergeben.

Planer der Strecke war Carl Etzel, in Stuttgart geboren als Sohn des Stadtplaners Gottlieb Etzel, Erbauer von Stuttgarts *Neuer Weinsteige*. Er plante die erste Eisenbahnbrücke über den Neckar, *Rosenstein-* und *Pragtunnel*, das Enzviadukt in Bietigheim, die *Geislinger Steige*, die ersten Bahnhöfe von Stuttgart und Heilbronn. Später baute Etzel Bahnstrecken und -brücken in der Schweiz und in Österreich. Sein Meisterwerk ist die *Brennerbahn*.

Es folgt der S-Bahn-Haltepunkt ⤳ **Neckarpark (Mercedes-Benz)**. Von diesem aus sind bedeutende Veranstaltungsorte erreichbar wie die *Hanns-Martin-Schleyer-Halle*, *Porsche Arena*, *Mercedes-Benz Arena*, *Scharrena*, das *Mercedes-Benz Museum*, das meistbesuchte Museum Stuttgarts, oder der Wasen, wenn beispielsweise das *Cannstatter Volksfest* gefeiert wird. Auch vom Bahnhof Bad Cannstatt, dem folgenden Halt, kann man dorthin gelangen. Der Zug fährt nun vorbei am *Mercedes-Benz Motorenwerk* Cannstatt (links). Zuvor war rechts der Abzweig zur *Remsbahn* in Richtung Schwäbisch Gmünd zu sehen sowie halbrechts eine Geradeausverbindung, die *Schusterbahn*.

Vor dem Halt am Bahnhof Bad Cannstatt zweigt rechts eine Strecke ab, die geradeaus östlich der Cannstatter Altstadt am Kurpark vorbeiführt, zwischen Bad Cannstatt und Münster auf einem Viadukt den Neckar überquert, in einem Tunnel unter dem *Schnarrenberg* und auf dem Zazenhäuser Viadukt über das Feuerbachtal nach Kornwestheim führt. Diese tangentiale Verbindung wurde als Güterumgehungsbahn zur Umfahrung des Stuttgarter Hauptbahnhofs 1896 gebaut und erhielt 1904 ein zweites Gleis. Sie wird auch *Schusterbahn* (KBS 790.11) genannt, da mit ihr früher viele Beschäftigte aus dem Raum Untertürkheim zur *Salamander-Schuhfabrik* nach Kornwestheim fuhren. Die elektrifizierte Strecke wird immer wieder als mögliche S-Bahn-Verbindung diskutiert. Man kann auf ihr mit der Regionalbahn RB 11 zu folgenden Zeiten fahren: RB 11: S-Untertürkheim ab 5:45, 6:45, 7:45, 15:45, 16:45, 17:45, ab Kornwestheim 6:15, 7:15, 8:15, 16:15, 17:15, 18:15. Ansonsten verkehren täglich rund 120 Güterzüge.

···⫸ **Bad Cannstatt** ist der älteste und größte Stadtbezirk Stuttgarts mit etwa 70 000 Einwohnern. Die günstige Lage am Neckar mit fruchtbaren Höhen zu beiden Seiten des Flusses führte zu einer frühen Besiedlung dieses Gebiets. Es waren die Römer, die an diesem Platz einen Hauptort begründeten und links des Neckars im heutigen Stadtteil *Hallschlag* ein Reiterkastell erbauten. Nach

Brücke der »Schusterbahn« über den Neckar beim Heizwerk Münster.

Ladenburg und Rottenburg, ähnlich wie Wimpfen oder Rottweil, war Cannstatt eine der größten römischen Städte hier. Die erste schriftliche Erwähnung Cannstatts stammt aus dem Jahr 700. Zur Stadt erhoben wurde Cannstatt 1330 – da gab es noch kein Stuttgart! Die damals selbständige Oberamtsstadt wurde 1905 nach Stuttgart eingemeindet. Übrigens: Ein echter Cannstatter spricht nicht von Stuttgart-Bad Cannstatt sondern von Cannstatt bei Stuttgart!

Schon im 15. Jahrhundert wollte man den Neckar bis Cannstatt schiffbar machen, was aber am Widerstand der Reichsstadt Heilbronn scheiterte. Die Heilbronner Wehre und Brücken verhinderten die Weiterfahrt Richtung Kurpfalz. Erst 1713 wurde schließlich der erste Cannstatter Hafen eröffnet.

In Cannstatt gründete der Ingenieur Gottlieb Daimler, nachdem er an verschiedenen Stationen tätig war – u. a. dem Bruderhaus in Reutlingen, wo er Maybach traf –, 1882 eine Versuchswerkstatt beim Cannstatter Kurpark. Ein Jahr später meldete er gemeinsam mit Maybach einen Einzylinder-Benzin-Viertaktmotor an, den ersten schnelllaufenden Benzinmotor. 1885 erhielt Daimler das Patent darauf. Im gleichen Jahr konstruierten beide den *Reitwagen*, das erste Motorrad mit Benzinmotor. Auf dem Neckar fuhr dann 1886 das erste Daimler-Motorboot, im gleichen Jahr rollte der erste Daimler-Wagen, die *Motorkutsche*, daraufhin eine Straßenbahn zwischen Kursaal und Wilhelmsplatz und 1888 ein Lastwagen, nachdem ein Jahr zuvor in Cannstatt eine Fabrik gegründet worden war. 1890 gründete Daimler die *Daimler-Motoren-Gesellschaft DMG*, die 1926 mit der Firma *Benz & Cie.* zur *Daimler-Benz AG* verschmolzen wurde. 1899 ließ Daimler von Maybach einen Rennwagen namens *Mercedes* bauen. Daimler starb im Jahr 1900 in Cannstatt und ist auf dem dortigen *Uff-Kirchhof* beerdigt.

Cannstatt ist auch bekannt für seine Mineralwasserquellen und -bäder. Obwohl Cannstatt erst 1933 das Prädikat »Bad« erhielt, lag seine Blütezeit zwischen 1840 und 1870, als sich hier an einem renommierten, ja international berühmten Kurort der europäische Hochadel traf. Zu Zeiten König Wilhelms I. konnte man meinen, Cannstatt wäre die Hauptstadt des Königreichs. Bekannte Kurgäste waren Berthold Auerbach (s. Horb, Seite 43) und Honoré de Balzac. Die zunehmende Industrialisierung verdrängte jedoch den Badebetrieb und Stuttgart drängte zum Neckar hin. Heute haben drei große Mineralbäder das Erbe der einstigen Kurstadt angetreten: die *Mineralbäder Cannstatt* am Rande des Kurparks, das *Leuzebad* und das *Mineralbad Berg* auf der anderen Neckarseite. Der Besucher kann 13 verschiedene öffentliche Trinkbrunnen aufsuchen und das Wasser verkosten, in der Altstadt beispielsweise den Polizeibrunnen oder den Brunnen beim Klösterle, Letzterer an einem Platz, der nach einem Cannstatter benannt ist: nach Thaddäus Troll. Dies war das Pseudonym des hier geborenen Journalisten und Autors Hans Bayer.

**Die Versuchswerkstatt von Daimler am Rande des Kurparks –
heute Gottlieb-Daimler-Gedächtnisstätte.**

Immer der Nase nach

Do kennet Se gar net fehla
fahret Se oifach dr nos noch glei
lenks om s eck wo s so beschtialisch
schtenkt noch dr sauerkrautfabrik (…)
s mäuchelet scho vo weitem noch tote fisch
ond Se sehet na glei da Necker.
(Thaddäus Troll)

Auf einem Gang durch die Altstadt kommen wir zur Stadtkirche, deren Turm
Heinrich Schickhardt 1613 im Renaissance-Stil erbaute. Im Haus in der *Badstraße 36* hatte der Sohn von Justinus Kerner, Theobald, von 1856 bis 1863 eine *galvano-magnetische Heilanstalt.* (s. Weinsberg, Seite 127) Eine Zeit lang nach Cannstatt versetzt war auch der Oberamtsrichter Wilhelm Ganzhorn (s. Neckarsulm,
Seite 130). Wilhelm Blos, der erste Ministerpräsident des Volksstaats Württemberg, der viele Jahre in Cannstatt gelebt hat, erinnert sich in seinen Memoiren:
»Hier hatte sich im ›Jungen Hasen‹, wo Freiligrath wohnte, das lustige ›trinkbare‹
Kleeblatt zusammengefunden, dem die ›drei Räte‹, nämlich der Hofrat Theobald
Kerner, der Oberbaurat Morlok und Freiligrath, angehörten und welches durch
den Oberamtsrichter und Dichter Ganzhorn von Neckarsulm vierblättrig wurde.«
Hermann Hesse war hier – eine Tafel am Haus an der *Wilhelmstraße 40a* erinnert an ihn – von Nov. 1892 bis Okt. 1893 am Gymnasium – sicher die schwierigste
Zeit des Jungen, die er in seinem »Demian« wiedergibt. Weitere Sehenswürdigkeiten sind: das historische Rathaus von 1491; im Stadtbezirk Cannstatt liegen

Der Brunnen beim Klösterle am Thaddäus-Troll-Platz. Der Fachwerkbau Klösterle ist das älteste Wohngebäude Stuttgarts. In der Scheune dieses Gebäudes ist das Stadtmuseum Bad Cannstatt untergebracht.

links des Neckars der botanisch-zoologische Garten *Wilhelma*, daneben das *Wilhelma-Theater* sowie die Anlegestelle für die Ausflugsschiffe. Im *Rosensteinpark* befindet sich das Naturkundemuseum mit dem modernen *Museum am Löwentor* und dem *Museum im Schloss Rosenstein*. Erwähnt werden muss außerdem, dass in Bad Cannstatt ein vorzüglicher Wein gedeiht namens *Cannstatter Zuckerle*.

Stuttgarter Mineralwasser

Bad Cannstatt und das gegenüberliegende Berg besitzen nach Budapest das zweitgrößte Mineralwasservorkommen Europas. Die Mineralquellen in Bad Cannstatt und Berg nutzten schon die Römer. Man schätzt, dass täglich bis zu 44 Millionen Liter in diesem Raum geschüttet werden. Mit bis zu 22 Millionen Liter täglicher Schüttung in gefassten Quellen gehört das Vorkommen zu den ergiebigsten Westeuropas. In Stuttgart sprudeln auch die zweitgrößten Thermalquellen Europas.

Von 19 Mineralquellen sind elf als Heilquellen staatlich anerkannt. Das Mineralwasser wird in den benachbarten Bädern verwendet und sprudelt auch an einigen öffentlich zugänglichen Brunnen. Es wird gebildet in den Tiefen des von Keupergesteinen überdeckten Muschelkalks der Gäulandschaft zwischen Sindelfingen, Renningen und Leonberg. Der Neckar hat sich bei Bad Cannstatt in den Muschelkalk eingetieft und entlang von Spalten und Klüften kann das mineralhaltige Wasser dort wieder austreten, laut Aussage von Geologen nach einer »Wanderung« von 15 bis 20 Jahren.

Kurz hinter Bad Cannstatt überqueren wir den Neckar, den wir erst wieder in Besigheim sehen werden. Auf der Brücke zeigt sich links die Neckarschleuse Bad Cannstatt, rechts die Anlegestelle für die Ausflugsschiffe, dahinter der *Rosensteinpark* und die *Wilhelma*, derzeit wird der Blick allerdings gestört durch Baustellen für den Straßentunnel, den Rohbau der neuen Bahnbrücke und den S-21-Tunnel unter dem *Rosensteinpark* hindurch.

Rosensteintunnel

Die erste Bahnstrecke querte den Neckar rechts der jetzigen Brücke auf einer früheren, aus Holz, später aus Stein erbauten. Sie führte direkt auf den ersten *Rosensteintunnel* zu, der genau unter der Mittelachse des 1823–1829 von Hofbaumeister Giovanni Salucci erbauten *Schloss Rosenstein* – heute Teil des Naturkundemuseums – liegt und 326 Meter lang ist. Dieser Tunnel besteht noch. Später wurde die derzeitige Neckarbrücke in Verbindung mit dem zweiten, 331 Meter langen *Rosensteintunnel* gebaut. Dieser wird stillgelegt, wenn S 21 mit der gerade im Rohbau befindlichen und näher zur *Wilhelma* gerückten neuen Neckarbrücke mit Zuführung in den dritten *Rosensteintunnel*, der direkt in den neuen Durchgangsbahnhof leiten wird, fertiggestellt ist. Alternativplanungen in den Jahren 1843 für eine Trasse der Nordbahn nach Bietigheim sahen auch eine Streckenführung links des Flusses direkt von Cannstatt aus das Neckartal abwärts bis auf die Höhe von Ludwigsburg vor. Die Anbindung von Stuttgart sollte nur mit einer Stichbahn von Cannstatt aus erfolgen. Doch die Planung von Carl Etzel, durch den *Pragtunnel* in den Sackbahnhof der Residenzstadt, aus diesem nach Norden dann durch den *Pragtunnel* und über das *Lange Feld* nach Bietigheim mit Mündung der Trasse bei Besigheim ins Neckartal, setzte sich durch.

Wir durchfahren den aktuellen *Rosensteintunnel*, gelangen anschließend zwischen den massiven und hohen Betonbauten des ehemaligen Bahnpostamts und des Bahnbetriebswerks (rechts) und der unteren Schlossgartenanlage in das breite Geflecht des Gleisvorfelds in den Hauptbahnhof ···⫶ **Stuttgart**, der die nächsten Jahre eine riesige Baustelle ist.

So nähern wir uns dem Zentrum der Landeshauptstadt Baden-Württembergs, nicht auf einer übersichtlichen Ebene, sondern erst nach Durchfahrt durch einen Tunnel, den *Rosensteintunnel*. Wenn wir später die Stadt verlassen werden, geht es wieder durch einen Tunnel, den *Pragtunnel*, hinaus. Das zeigt schon ein Charakteristikum dieser Stadt: Sie liegt in einem sich zum Neckartal hin öffnenden Kessel, einer Hohlform im Keuperbergland, die vor geologischen Zeiten der heute in der Stadt vergrabene Nesenbach und seine Zuläufe geschaffen haben, zwischen Bergen und Tälern, an der niedrigsten Stelle 207 m ü. NHN, an der höchsten 549 m ü. NHN. Daher gehören zu den öffentlichen Verkehrsmitteln in der Stadt auch eine Zahnradbahn und eine Standseilbahn! Das ist auch der Grund für die vielen *Stuegerter Stäffele*, die rund 400 Treppenanlagen in der Stadt. Stuttgart ist eine *Großstadt zwischen Wald und Reben*, wie einmal ein Slogan lautete, mit 24 Prozent Waldfläche, 22,9 Prozent landwirtschaftlicher Fläche, davon 2 Prozent Weinberge, 1,3 Prozent Wasserfläche, bemerkenswerte 6,53 Prozent als Naturschutzgebiete geschützt.

Vom Turm des Stuttgarter Hauptbahnhofs, vom Turm der Staatlichen Musikhochschule oder vom obersten Stockwerk der neuen Stadtbibliothek aus können wir über die Stadt schauen, das bewegte Relief wahrnehmen, beispielsweise die benachbarten Höhen *Karlshöhe*, *Birkenkopf*, *Bernhartshöhe* oder *Hoher Bopser* mit dem Stuttgarter Fernsehturm. Die Kessellage hat ihren Reiz, da man aus der Innenstadt heraus immer wieder auf bewaldete Höhen oder, selbst am nahe dem Hauptbahnhof gelegenen Kriegsberg, mit Reben bestockte Hänge schauen kann. Diese Lage hat aber auch Nachteile wie mangelnde Durchlüftung, beengte und schwierige Straßenverhältnisse, und stellt für Radfahrer eine Herausforderung dar.

Dieses spannende Landschaftserlebnis bei der Einfahrt mit der Bahn in den Hauptbahnhof, und das trifft auf alle Bahnzufahrten hierher zu, werden wir in einigen Jahren, wenn das Projekt *Stuttgart 21* fertig ist, leider nicht mehr haben. Der Bahnreisende wird auf der Filderhochfläche beim Flughafen in die Tunnels eintauchen, die im Stadtbereich insgesamt fast 60 Kilometer Länge haben werden, und in Feuerbach wieder das Tageslicht erreichen.

Die drei Hauptbahnhöfe von Stuttgart

Der derzeitige Stuttgarter Hauptbahnhof ist der dritte der Stadt. Der erste wurde 1846 als viergleisiger Sackbahnhof – auf Wunsch des Königs nahe am Schloss – in der *Schlossstraße*, heute *Bolzstraße*, von Karl Etzel erbaut. Am 12. September 1846, dem 65. Geburtstag von König Wilhelm I., fuhr die erste Lokomotive von Cannstatt und durch den *Rosensteintunnel* in den *Centralbahnhof* ein. Die stetig wachsende Bedeutung der Residenzstadt und der Eisenbahnen machte

Der Bonatz-Bau des Stuttgarter Hauptbahnhofs mit seinem Turm.

1868 einen Erweiterungsbau direkt neben dem bestehenden Bahnhof notwendig. Die Gleisanlagen wurden nun mehr als verdoppelt, die Frontseite des zweiten Bahnhofs zur *Schlossstraße* als Prunkfassade gestaltet, die heute noch teilweise zu sehen ist.

Das enorm gestiegene Verkehrsaufkommen führte zu Planungen für einen noch größeren dritten Bahnhof, rund 500 Meter weiter nordöstlich an der *Schillerstraße*. In einem Wettbewerb setzten sich 1910 die Architekten Paul Bonatz und Eugen Scholer gegen 70 Konkurrenten durch. Doch schon 1908 hatten die Arbeiten für das Gleisvorfeld begonnen. Es entstand eines der damals modernsten und intelligentesten, auf drei Ebenen kreuzungsfreien Verkehrsbauwerke, das sogenannte *Tunnelgebirge*. Dieses stand samt Bahnhofsgebäude bis zur Genehmigung von *Stuttgart 21* unter Denkmalschutz! 1922 wurde der erste Abschnitt eröffnet und der *Alte Bahnhof* geschlossen, 1928 die gesamte 16-gleisige Anlage dem Verkehr übergeben. Bonatz bezeichnete diesen Bahnhof mit seinen die Gleise und Bahnsteige einrahmenden Nord- und Südflügeln (inzwischen abgebrochen) und dem rund 56 Meter hohen Turm als *umbilicus sueviae*, also als *Nabel Schwabens*. Zurzeit ist dieser Bereich der Stadt die wohl größte Baustelle Europas für den vierten Stuttgarter Bahnhof, der im rechten Winkel zum jetzigen als Durchgangsbahnhof mit nur acht Gleisen in Tieflage angelegt wird.

Es ist hier nicht der Platz, Stuttgart ausführlich zu beschreiben. Literatur hierzu gibt es zur Genüge. Auf einem zweistündigen Spaziergang werden wir die wichtigsten Sehenswürdigkeiten aus fast jeder Epoche erleben können. So verlassen wir den Hauptbahnhof durch die 1976 unter dem Vorplatz eröffnete *Klettpassage* und gelangen in die *Königstraße*, Hauptgeschäftsstraße Stuttgarts und Fußgängerzone. Kurz vor dem *Schlossplatz* steht links die Domkirche *St. Eberhard*, neu aufgebaut 1955, zweite Kathedralkirche im Bistum Rottenburg-Stuttgart. Rechts am Eck zeigt sich das ehemalige *Hotel Marquardt*. Die Straße nach rechts, die *Bolzstraße*, führt uns an die Fassade des *Alten Bahnhofs*.

Der *Schlossplatz* präsentiert sich großzügig, im Zentrum mit der Jubiläumssäule zur Erinnerung an König Wilhelm I., eingerahmt vom nach dem Krieg wieder aufgebauten *Neuen Schloss*. 1746 legte Herzog Karl Eugen den Grundstein dafür. Dieser baufreudige Herrscher ließ auch die Schlösser *Solitude* und *Hohenheim* erbauen und richtete die *Hohe Karlsschule* ein, was die Stadt damals für kurze Zeit zur Universitätsstadt machte. Berühmtester Zögling dieser Anstalt war Friedrich Schiller, der dort Medizin studierte.

Gegenüber dem *Neuen Schloss* steht der in den 1950er Jahren wiederhergestellte *Königsbau* mit Säulenhalle, der heute eigentlich Fassade für ein dahinter liegendes

Stuttgarts erster Bahnhof, erbaut von Karl Etzel.

Blick durch den gusseisernen Pavillon auf den großen Schlossplatz mit Jubiläumssäule und Neuem Schloss im Hintergrund.

Einkaufszentrum ist. Im Anschluss daran der moderne Glaskubus des *Kunstmuseums*, 2005 als Nachfolger der Galerie der Stadt eröffnet. Im Süden die Bauten des historischen Zentrums: *Alte Kanzlei* und *Altes Schloss*. Der mächtige Schlossbau, im 10. Jahrhundert eine Wasserburg nahe eines Gestüts (*Stutengarten*), im 14. Jahrhundert Hauptsitz der Grafen von Württemberg, wurde später von den Herzögen zum Renaissance-Schloss mit Arkadenhof und Schlosskirche ausgebaut. Heute beherbergt er das *Landesmuseum Württemberg*. Im Innenhof steht das Reiterstandbild von Graf Eberhard im Bart, 1495 erster Herzog von Württemberg, der Stuttgart zur Residenzstadt machte. Weiter nach Süden zu, den Schillerplatz umrahmend, der von Schickhardt 1605 begonnene *Prinzenbau* und der spätgotische Bau des ehemaligen *Fruchtkastens*, heute *Haus der Musik* als Teil des *Landesmuseums Württemberg*. Es schließt sich die *Stiftskirche* an, Hauptkirche der Evangelischen Landeskirche. Inmitten des Platzes thront das Schillerdenkmal von 1839. In allernächster Nähe befinden sich die *Markthalle*, ein Jugendstilgebäude von 1914, sowie *Rathaus* und *Marktplatz* in 1950er-Jahre-Architektur.

Der Weg zurück zum Hauptbahnhof führt in den *Schlossgarten*, der sich über die mittleren und unteren *Schlossgartenanlagen* zum *Rosensteinpark*, zur *Wilhelma* und seit der Internationalen Gartenbauausstellung 1993 als Grünzug, *Grünes U* genannt, bis hinauf zum *Höhenpark Killesberg* erstreckt. Man kommt vorbei am

Schillerplatz mit Stiftskirche, Fruchtkasten, Prinzenbau und Schillerdenkmal.

Landtagsgebäude, sieht das *Opernhaus* (1909–12), das *Schauspielhaus*, ein Neubau von 1959 bis 1962, gegenüber – getrennt durch die mehrspurige Bundesstraße, *Konrad-Adenauer-Straße*, auch *Kulturmeile* genannt – auf der anderen Seite den Altbau der *Staatsgalerie* (1843), die *Neue Staatsgalerie*, daneben seit 2002 die *Musikhochschule* und das *Haus der Geschichte* als Teil des *Stirling-Wilford-Ensembles*, dann das *Haus der Abgeordneten* und zum Charlottenplatz hin das *Wilhelmspalais*, das zukünftige *Stadtpalais – Museum für Stuttgart*, und schräg gegenüber das *Alte Waisenhaus*. Etwas außerhalb vom Stadtkern und nicht in unseren Rundgang eingebunden liegen das ehemalige Bosch-Areal bei der *Liederhalle*, das *Lindenmuseum*, der *Tagblatt-Turm*, das *Hegel-Haus*, die neue Stadtbibliothek und die *Weissenhofsiedlung*, 1927 vom Deutschen Werkbund unter Ludwig Mies van der Rohe errichtet. Zwei Häuser der Siedlung von Le Corbusier sind mit anderen seiner Gebäude weltweit als UNESCO-Welterbe eingetragen, mit dem *Weissenhofmuseum* in einem der Häuser. Relativ in der Nähe befindet sich auch das *Theodor-Heuss-Haus*.

Stuttgart ist ein Kultur- und Bildungszentrum mit zwei Universitäten und mehreren Hochschulen, vielen Theatern, Museen, Gebäuden der Regierung und der Ministerien, mit Sitz der Region Stuttgart, diplomatischen Vertretungen und

Botschaften. Die Stadt zählt derzeit rund 620 000 Einwohner, steht an sechster Stelle in der Liste der Großstädte Deutschlands. Der Ausländeranteil lag 2016 bei 25,2 Prozent, 44 Prozent der Einwohner Stuttgarts haben einen Migrationshintergrund. Dies und die internationalen Verbindungen der Stadt rechtfertigen auch den Slogan »Stuttgart – Partner der Welt«.

Zur Weiterfahrt neckarabwärts müssen wir entweder in die S-Bahn bis Bietigheim oder gleich in den Regional-Express bis Heilbronn oder Bad Friedrichshall umsteigen. Der Zug verlässt wieder den Hauptbahnhof. Links auf dem Gelände des ehemaligen Güterbahnhofs ist in den letzten Jahren das neue Quartier aus Glas und Beton entstanden mit dem Neubau der *Stadtbibliothek* in der Mitte, umgeben von Einkaufszentren, Bank- und Versicherungsgebäuden. Rechts etwas tiefer gelegen die sich fächerartig ausdehnenden Abstellgleise der Deutschen Bahn, die in Zukunft auch aufgegeben und bebaut werden. In engem Bogen über mehrere Brücken zweigt die Gäubahn in Richtung Rottweil–Singen–Zürich links ab. Sogleich folgt die S-Bahn-Station ⤳ **Stuttgart-Nord.** Von hier ist das *Naturkundemuseum* gut zu erreichen, aber auch das Areal des alten Stuttgarter Nordbahnhofs, wo mit der Gedenkstätte *Zeichen der Erinnerung* an die Judendeportationen in die Vernichtungslager in Osteuropa erinnert wird, die hier einen Anfang nahmen. Derzeit dienen die übrigen Gleisanlagen als Logistikzentrum für Bauaushub und Baumaterialien im Zusammenhang mit dem Projekt *Stuttgart 21.*

Ehemaliges Wilhelmspalais, umgebaut zum Stadtmuseum.

Von Stuttgart nach Ludwigsburg

Wir fahren in den *Pragtunnel*, der unter der *Prag*, einem Gipskeuper-Höhenzug zwischen dem Stuttgarter Talkessel und Feuerbach, hindurchführt. Er war das erste Bahnbauprojekt der *Württembergischen Zentralbahn* Esslingen–Stuttgart–Ludwigsburg, von Beginn an zweigleisig erbaut und mit der Eröffnung der Zentralbahn fertiggestellt. Der Tunnel ist heute 680 Meter lang und dient dem Vorortverkehr bzw. dem S-Bahn-Betrieb. Für den viergleisigen Ausbau Stuttgart–Ludwigsburg wurde 1910 der nordöstliche Tunnel für die Fernzüge eröffnet. Der Tunnelbau für beide Röhren war damals wegen Einbrüchen sehr schwierig und mit Verzögerungen verbunden.

Der *Pragtunnel* entlässt uns, damit auch der Stuttgarter Talkessel, und sogleich ist der Bahnhof des Stuttgarter Stadtteils Feuerbach erreicht ⇢ **S-Feuerbach**, vor dem Bahnhofsgebäude der *Wiener Platz* mit Verknüpfung zur Stadtbahn, auffallend der spitz zulaufende Hochbunker aus dem Zweiten Weltkrieg.

Gedenkstätte »Zeichen der Erinnerung« am Nordbahnhof Stuttgart für die von dort durchgeführten Deportationen von Juden und Sinti in die Vernichtungslager.

Pragtunnel von der Stadtseite aus, links ist die S-21-Baustelle gerade noch zu sehen.

Die ehemalige Stadt hat ihren Namen vom Feuerbach, der im ausgedehnten Waldgebiet des *Rot- und Schwarzwildparkes* (Naturschutzgebiet) entspringt und in Stuttgart-Mühlhausen in den Neckar mündet. Vom Zentrum Feuerbachs sehen wir, wie auch gleich in Zuffenhausen, fast nichts. Ausgedehnte Industrie- und Gewerbegebiete mit weltbekannten Unternehmen haben sich seit den Zeiten des Eisenbahnanschlusses zu beiden Seiten der Strecke angesiedelt.

Von diesen sind die *Robert Bosch GmbH* – gegründet von Robert Bosch 1886 in Stuttgart, Betriebsverlegung 1910 nach Feuerbach –, das von Louis Leitz 1871 begründete Unternehmen, heute *Esselte Leitz GmbH & Co KG*, sowie der *Thieme-Verlag*, der seit 1946 seinen Firmensitz hier hat, die bekanntesten. Umstrukturierungen haben aber auch dazu geführt, dass einige Betriebe aufgegeben haben. So sind die denkmalgeschützten alten Hallen von *Rheinstahl* nahe dem *Pragsattel* zu einem Kulturzentrum, dem *Theaterhaus,* mutiert.

Hier am Bahnhof fuhr bis 2012 auch die *Strohgäubahn* ab, die über Korntal bis nach Heimerdingen und Weissach führte. Wer mit ihr ins Gäu fahren möchte, muss derzeit mit der S 6/60 erst nach Korntal fahren. Die GES *Gesellschaft zur Erhaltung von Schienenfahrzeugen* befährt den Abschnitt von Korntal nach Weissach an bestimmten Tagen mit historischen Dampfsonderzügen, u. a. mit dem Museumszug »Feuriger Elias«.

Porsche-Museum in Zuffenhausen vom S-Bahn-Haltepunkt Neuwirtshaus gesehen.

Inmitten der Gewerbegebiete leitet uns der Schienenstrang dann, westlich der mehrspurigen B27 (rechts) eine deutliche Trennungslinie in Zuffenhausen bildend, zum Haltepunkt ⇢ **S-Zuffenhausen**, der auf zwei Ebenen angelegt ist. Die Strecke vom westlichen Hochbahnsteig auf einer nahezu einen Kilometer langen Brücke mit Rampen führt in einem weiten Bogen schließlich nach Süden in Richtung Leonberg–Weil der Stadt; bis hierher fährt die S-Bahn-Linie 6. Die Strecke wird auch *Württembergische Schwarzwaldbahn* genannt und war nach ihrer Eröffnung 1868, durch das Nagoldtal bis Freudenstadt führend, zunächst die einzige Bahnverbindung von Stuttgart in den Nordschwarzwald.

Zuffenhausens Stadtkern liegt am Bahnhof rechter Hand. Das ehemalige Bauerndorf wurde 1907 zur Stadt erhoben, bis es 1931 nach Stuttgart eingemeindet wurde. Zuffenhausen ist der drittgrößte Stuttgarter Stadtbezirk. Zu ihm gehören auch noch Neuwirtshaus und Zazenhausen. 1955 bis 1959 entstand östlich vor allem für Kriegsflüchtlinge der Stadtteil Rot, der in jener Zeit in ganz Deutschland

Beachtung fand, besonders wegen der beiden Hochhäuser, *Romeo und Julia* genannt, erbaut vom Architekten Hans Scharoun.

In der verkehrsgünstigen Lage entwickelten sich seit Ende des 19. Jahrhunderts Unternehmen aus den Bereichen Maschinenbau, Flugzeug- und Automobilbau und Elektrotechnik. In den 1950er Jahren wurde hier der *Heinkel-Kabinenroller* hergestellt. Weltberühmt und mit dem Namen Zuffenhausen, dem Sitz des Unternehmens, eng verbunden ist das Unternehmen *Porsche.* 2009 wurde das neue *Porsche-Museum* eröffnet, das sowohl mit der Stadtbahn wie auch mit der S-Bahnlinie S 6 oder S 60, Haltestelle Neuwirtshaus, zu erreichen ist.

Zuffenhausen und die folgenden Orte Kornwestheim, Ludwigsburg, Asperg und Tamm liegen auf der weiten, ebenen Gäuplatte des *Langen Feldes*, dem östlichen Teil des *Strohgäus*. Der gäutypische Muschelkalk wird vom unteren Lettenkeuper und darauf von einer mächtigen, sehr fruchtbaren Lössschicht überdeckt. Altsteinzeitliche Funde belegen, dass das Gebiet schon früh vom Menschen besiedelt war und seit der Jungsteinzeit ackerbaulich genutzt wurde – es ist Altsiedelland. Auf den wertvollen Böden wurde Getreide angebaut, daher der Name *Strohgäu* für die einstige Kornkammer Württembergs.

Unser Zug fährt weiter entlang der B27, unterquert das Straßendreieck B27/B10. Hier führt von links die Güterumgehungsbahn ein, kurz danach verschwindet daneben die im Jahr 1991 fertiggestellte Schnellfahrstrecke nach Mannheim in die

Containerbahnhof Kornwestheim.

4,6 Kilometer lange Röhre des *Langes-Feld-Tunnels*. Von rechts kommen die Gleise der *Schusterbahn*. Dann erreichen wir Kornwestheim. Die Stadt liegt am Ostrand des *Strohgäus*. Die Ebene ist nicht nur geeignet für die Landwirtschaft, sondern auch für die Ansiedlung von Gewerbe, nicht zuletzt auch für den ausgedehnten Rangier- und Containerbahnhof Kornwestheim, der einem Bahnexperten bei der Ortsnennung sofort einfällt und den wir sogleich links erahnen können. Im Rangierbahnhof, der zweitgrößten Zugbildungsanlage in Baden-Württemberg, werden täglich rund 1600 Güterwagen zu neuen Güterzügen zusammengestellt. An ihn schließt sich westlich einer der modernsten Container-Umschlagplätze an.

War Kornwestheim vor der Industrialisierung auf Grund der guten Lössböden ein reiches Bauerndorf, so brachten der Bahnanschluss 1846, die Güterumgehungsbahn 1896, der 1919 fertiggestellte Rangierbahnhof Bevölkerungszuwachs und weiteren Wohlstand. 1931 erhielt Kornwestheim das Stadtrecht. Viele Menschen, auch aus der Umgebung, fanden hier Arbeit, beispielsweise in der *Salamander-Schuhfabrik*. Diese geht zurück auf einen von Schuhmacher Jakob Sigle und Kaufmann Max Levi 1891 gegründeten Betrieb; 1930 entstand die international bekannte *Sala-*

Salamander-Areal am Bahnhof Kornwestheim.

Von Stuttgart nach Ludwigsburg

Salamander als Ornament am ehemaligen Fabrikgebäude, Warenzeichen seit 1904, seit 1937 als Comic-Figur Lurchi bekannt.

mander *AG*. 1904 zog die Firma *Kreidler* von Stuttgart hierher und stellte, bis zum Konkurs 1982, Mopeds, Mofas und Kleinkrafträder her – manchem ist die »Florett« vielleicht noch in guter Erinnerung. Gegenüber vom Bahnhof ⋯⁛ **Kornwestheim** sehen wir den langgestreckten Backsteinbau des Salamander-Areals. 2003 wurde das Salamander-Werk geschlossen, der Gebäudekomplex in den folgenden Jahren mit Denkmalschutz-Auflagen umgebaut und umgenutzt. Unter anderem ist hier nun das Grundbuchzentralarchiv für Baden-Württemberg untergebracht. Sehenswürdigkeiten sind der alte Wasserturm der Bahn beim Güterbahnhof von 1914, in dem sich heute ein Restaurant befindet.

Ein weiterer Wasserturm ist der obere Teil des Rathausturms der Stadt von 1935 – das Wahrzeichen Kornwestheims. Ferner kann man das *Schulmuseum Nordwürttemberg* oder im *Museum im Kleihues-Bau* die Kunstsammlung der Stadt besichtigen.

Der Theologe und Ingenieur Philipp Matthäus Hahn lebte und wirkte hier als Pfarrer von 1770 bis 7181. Er war auch auf der Lateinschule in Esslingen und Nürtingen.

Jeder Kinofreund kennt das einzige Auto-Kino im Land, und Autotouristen, die es leid waren, Kilometer auf Autobahnen abzuspulen, brachte einst der Autoreisezug von hier nach Narbonne in Südfrankreich, nach Westerland oder Sassnitz. Leider hat die Deutsche Bahn dieses umweltfreundliche Angebot eingestellt.

Wir erreichen ···⫶ **Ludwigsburg**. Der Bahnhof liegt am Westrand der Altstadt. Auffällig sind die gegenüber dem Bahnhof gelegenen Fabrikgebäude und der, ihnen zumindest früher entströmende Röstereiduft. Der Kolonialwarenhändler und Zuckerbäcker Johann Heinrich Franck verlegte 1866/67 seine Zichorien- und Getreidekaffeefabrik nach Ludwigsburg. In einem Heimatbuch ist zu lesen: »Hier liegt dem Bahnhof gegenüber die große Fabrik … Es ist ein ganzer Stadtteil, so ausgedehnt sind die Gebäude, Höfe und Anlagen. Eine große Kaffeemühle, die bei Nacht in rotem Licht erstrahlt, soll die Reisenden darauf aufmerksam machen. Es ist nicht nötig, denn über dem ganzen Bahnhof, über der Stadt und selbst über weiten Teilen des Bezirks liegt nicht selten ein herber, scharfer Duft.« Heute gehört das Unternehmen zur Nestlé-Gruppe.

DURCH DIE STADT ZUM RESIDENZSCHLOSS

Wir verlassen den Bahnhof und gelangen über die *Myliusstraße* zum *Arsenalplatz*, benannt nach der großen Arsenalkaserne, in der sich heute das Staatsarchiv Ludwigsburg befindet. Dabei passieren wir ein Stück der alten *Solitudestraße*, die sich einst 13 Kilometer lang kerzengerade von *Schloss Solitude* bei Stuttgart bis zum *Schloss Ludwigsburg* zog. Die Stadt wurde in der ersten Hälfte des 18. Jahrhunderts von Herzog Eberhard Ludwig planmäßig neben den Schlossanlagen nach dem Vorbild von Schloss und Stadt Versailles auf einer Hochfläche des Neckarbeckens angelegt, die sich nach Osten leicht zum Schloss und seinen Gärten hin neigt. Im Jahr 1718 erhielt sie das Stadtrecht.

Nach der Überquerung des *Arsenalplatzes* stoßen wir auf die *Wilhelmstraße*, der wir ein kurzes Stück in östlicher Richtung folgen bis zur *Oberen Marktstraße*. Durch die Fußgängerzone geht es zum *Marktplatz* mit der barocken zweitürmigen evangelischen *Schlosskirche*, die wir – vom Bahnhof aus gerechnet – nach ca. 20 Minuten erreichen. Der riesige barocke Marktplatz mit seinen Arkadenhäusern und dem Marktbrunnen gibt in der Vorweihnachtszeit die bezaubernde Kulisse für den *Ludwigsburger Weihnachtsmarkt* ab. In einem dieser Arkadenhäuser wurde 1786 der Dichter und Arzt Justinus Kerner geboren, dessen Vater zu dieser Zeit Oberamtmann in Ludwigsburg war. Auch Eduard Mörike, der Theologe David Friedrich Strauß und der Chemiker und Gründer des Weltkonzerns Karl Pfizer wurden in Ludwigsburg geboren. Der *Schlosskirche* gegenüber steht in

Residenzschloss im Blühenden Barock.

etwas schlichterer Bauweise die katholische *Dreieinigkeitskirche*, ebenfalls in der ersten Hälfte des 18. Jahrhunderts errichtet.

Wir verlassen den *Marktplatz* in nördlicher Richtung über die *Untere Marktstraße*, an deren Ende bald der *Holzmarkt* mit einem Obelisken in der Mitte in unser Blickfeld gerät. Rechts führt eine Geschäftsstraße mit dem schönen Namen *Kaffeeberg* hinunter zum Residenzschloss. Ihren Namen trägt die Straße nach dem ersten Kaffeehaus der Stadt, das der Italiener Joseph Julius Lazaro 1725 hier eröffnete. Kaffee war damals noch ein sehr teures Luxusgetränk. An diese Tradition knüpft das Kaffee-Spezialgeschäft *Arabica* am Holzmarkt an, wo 28 Kaffeesorten und über 300 Schokoladenvariationen aus aller Welt verkostet werden können. Vom *Marktplatz* über die *Untere Marktstraße* und den *Kaffeeberg* zum Residenzschloss sind es nur etwa 10 Minuten.

Das Residenzschloss, 1704 bis 1733 errichtet, ist eine der größten barocken Schlossanlagen Deutschlands mit 452 Räumen, zwei Kirchen, einem eigenen Theater und ausgedehnten Schlossgärten. Besucher können in der *Barockgalerie* Meisterwerke der deutschen und italienischen Malerei des 17. und 18. Jahrhunderts

Favoriteschlösschen im Favoritepark, einem Naturschutzgebiet.

betrachten, ein *Modemuseum* besuchen, das anschaulich über die Kleidung der letzten Jahrhunderte erzählt, oder sich im *Keramikmuseum* über die Zeit der großen Porzellanmanufakturen informieren, zu denen die *Ludwigsburger Porzellanmanufaktur* 1758 bis 2016 gehörte. Auch die Wohnräume der Herzöge und Könige Württembergs können besichtigt werden sowie das *Blühende Barock* mit dem *Märchengarten*.

Stadtspaziergang Favoriteschlösschen und Schloss Monrepos

Vom Nordgarten aus erreicht man in wenigen Minuten über eine Fußgängerbrücke den *Favoritepark* mit dem *Favoriteschlösschen*, einem Jagdschlösschen im italienischen Stil, erbaut von Donato Giuseppe Frisoni zwischen 1717 und 1723. Der *Favoritepark* mit seinem Wildbestand, einst die Fasanerie des Schlosses, ist das älteste Naturschutzgebiet im Landkreis Ludwigsburg. Er ist vollständig umzäunt und dient heute der Naherholung. Ein Hauptweg führt in nordwestlicher Richtung in 20 Minuten bis zur Pädagogischen Hochschule und dem S-Bahn-Haltepunkt ⤳ **Favoritepark**. Von dort können wir zum Bahnhof ⤳ **Ludwigsburg** zurückfahren.

Wer außerdem noch das Seeschlösschen *Monrepos* besuchen möchte, kann einfach durch die *Seeschlossallee* geradeaus weiterwandern und erreicht *Monrepos* nach etwa 20 Minuten.

Die Herzöge und später Könige von Württemberg ließen den Eglosheimer See im 18. und 19. Jahrhundert zu einem Seepark umgestalten. Mitte des 18. Jahrhunderts wurde mit dem Bau eines barocken Schlösschens begonnen, zu Beginn des 19. Jahrhunderts ließ König Friedrich den halbfertigen Bau durch Nikolaus Friedrich von Thouret klassizistisch umgestalten und den Seegarten im englischen Stil anlegen. Im See wurden künstliche Inseln aufgeschüttet und eine Kapelle und ein Amortempel darauf errichtet. Heute befindet sich in unmittelbarer Nähe des Schlosses ein Golfplatz und das *Schlosshotel Monrepos*. Auf dem See kann man Bootsfahrten unternehmen oder durch den Seepark auf romantischen Wanderwegen spazieren. Wie auf dem Hinweg geht es durch die *Seeschlossallee* zurück zum *Favoritepark* und der gleichnamigen S-Bahn-Station.

Strecken und Wanderzeiten: große Tour (mit Seeschloss Monrepos) 4,7 km, ca. zwei Stunden, kleine Tour (ohne Seeschloss Monrepos) 2,5 km, ca. eine Stunde Gehzeit.

Seeschloss Monrepos.

ABSTECHER IN DIE SCHILLERSTADT MARBACH AM NECKAR
(KBS 790.4)

Die Schillerstadt Marbach am Neckar kann entweder mit dem Ausflugs-schiff des *Neckar-Käpt'n* (April–Oktober) von Bad Cannstatt oder mit der S-Bahn S 4 von Ludwigsburg erreicht werden. Die S-Bahn in Richtung Backnang fährt auf der Zweigstrecke der *Murrbahn* vom Bahnhof Ludwigsburg über die Haltepunkte ⋯⦚ **Favorite**, ⋯⦚ **Freiberg** und ⋯⦚ **Benningen** in wenigen Minuten nach ⋯⦚ **Marbach**. Nun bekommen wir auch den Neckar wieder zu Gesicht!

Schon kurz nach Benningen bietet sich ein überraschender Blick auf Marbach. Wie eine Festung ragt die von Wehrmauern und Türmen geschützte Altstadt über dem Neckartal auf. Mit ihren verwinkelten Gassen und hochgiebeligen Fachwerkhäusern mit rotem, gelbem und grauem Gebälk gehört sie zu den am besten erhaltenen historischen Städten des Landes. Seit 1988 steht die gesamte Altstadt unter Denkmalschutz – dabei sind die meisten Häuser noch gar nicht so alt. Im Wesentlichen stammt ihre Bausubstanz aus dem beginnenden 18. Jahrhundert. 1688 hatten französische Truppen Marbach geplündert und planmäßig angezündet. Lediglich

Wie eine Festung liegt die historische Altstadt von Marbach auf einem Muschelkalkfels über dem Neckar.

Schillers Geburtshaus (3. von links, mit Tafel) am Niklastor.

Steingebäude wie die *Alexanderkirche* und die Befestigungsmauern überdauerten den Brand. Fünfzig Jahre davor war Marbach bereits während des Dreißigjährigen Krieges geplündert und gebrandschatzt worden. Danach waren Einwanderer, vor allem aus der Schweiz, in der Stadt angesiedelt worden. Marbachs Geschichte weist aber noch viel weiter zurück. Um 700 war es ein fränkischer Königshof. Der Ortsname soll sich von einer fränkischen *Mark* (Gebietsgrenze) ableiten. Im 13. Jahrhundert bauten die Grafen von Grüningen (Markgröningen) Marbach zur Stadt aus, wenig später kam sie dann an Württemberg.

1759 kam hier Friedrich Schiller als Sohn eines Militärarztes zur Welt und nach seinem Tod 1805 wurden die Stadt und sein Geburtshaus zur Pilgerstätte der Schillerverehrung. 1840 wurde auf der *Schillerhöhe* vor der Stadt eine Festwiese für Schillerfeiern eingeweiht. Dort wurde 1876 das Schillerdenkmal von Ernst Rau errichtet. Um die Jahrhundertwende entstand das *Schiller-Nationalmuseum* (1903) in nachklassizistischer Bauweise, dem heute das *Deutsche Literaturarchiv* und das *Literaturmuseum der Moderne* angegliedert sind. Marbach ist wegen seiner Verbindung zu Schiller einer der ältesten Tourismusorte Deutschlands und auch heute prägt Schiller das kulturelle Leben der Stadt.

Vom Bahnhof führt die *Schillerstraße* zum *Niklastor*, wo die Altstadt beginnt. Über die *Niklastorstraße* kommen wir nach zehn Minuten (vom Bahnhof aus) an *Schillers Geburtshaus* vorbei, in dem ein kleines Museum eingerichtet ist, das

Schiller-Nationalmuseum auf der Schillerhöhe.

über die Lebensverhältnisse der Familie des Dichters anschaulich informiert. Das typische Fachwerkhaus liegt am nördlichen Ende der Altstadt. Von *Schillers Geburtshaus* führt die *Torgasse* knapp 100 Meter hinauf zu einem weiteren Museum, das an Tobias Mayer, einen bedeutenden Mathematiker, Astronomen und Kartographen des 18. Jahrhunderts, erinnert und ebenfalls in seinem Geburtshaus untergebracht ist.

Nach dem *Tobias-Mayer-Haus* wird die *Torgasse* immer enger, schließlich mündet sie in die *Marktstraße*, beim *Oberen Tor* mit dem mächtigen Torturm und der ehemaligen *Wendelinskapelle* aus dem 15. Jahrhundert, heute eine Buchhandlung (zehn Minuten vom Schillerhaus). Geht man weiter geradeaus, gelangt man in das Gelände der ehemaligen Stadtburg. Von dort erreicht man die große Kreuzung am Rande der Altstadt. Rechts führt die Grabenstraße hinunter zum Neckar, geradeaus verläuft die *Poppenweilerstraße* in südöstlicher Richtung. Wir folgen ihr bis zur *Haffnerstraße*, die rechts abzweigt und uns in wenigen Minuten zur *Schillerhöhe* bringt (20 Minuten vom Oberen Tor). Rund um den ausgedehnten Park mit dem Schiller-Denkmal im Mittelpunkt liegen das *Deutsche Literaturarchiv*, das *Schiller-Nationalmuseum* mit seinen Ausstellungen zu Schiller und zu den anderen Schwabendichtern, das *Literaturmuseum der Moderne* und die Stadthalle, ebenfalls in Parkanlagen eingebettet, von denen aus man einen schönen Blick weit über das Neckartal genießen kann. Mit dem Bus geht es von der Haltestelle Schillerhöhe zurück zum Bahnhof ⋯⟩ **Marbacher**.

Von Ludwigsburg nach Heilbronn

ABSTECHER ZUM HOHENASPERG

Wieder in Ludwigsburg, geht es auf der Frankenbahn weiter nach Norden. Der Zug unterquert die Autobahn A81, gleich erkennen wir den Bergrücken des *Hohenaspergs*, der Zug hält in ⤳ **Asperg**.

Kennst du den Berg mit seinem Wolkensteg –
Asperg? Gut Württemberg hie alleweg.
Da droben sitzt die Demokratenbrut
In Kerkern büßend ihren Übermut.
(Friedrich Albrecht)

Aus Friedrich Albrechts *Tagebuch vom Hohenasperg* stammen diese Verse. Er war um die Mitte des 19. Jahrhunderts hier oben eingesperrt. Seit Beginn des 18. Jahrhunderts diente die Festung *Hohenasperg* als Gefängnis für Systemkritiker und Freiheitskämpfer. Im Volksmund heißt es scherzhaft, der Asperg sei der höchste Berg des Landes. Man sei zwar sehr schnell oben, aber es dauere Jahre, bis man wieder unten angekommen sei. »Demokratenbuckel«, »württembergische Bastille« oder »das große Freiheitsgrab des kleinen Württemberg« hat man ihn genannt, auch »Hausberg der schwäbischen Intelligenz«, und die Liste der prominenten Häftlinge ist lang; um nur einige zu nennen: Joseph Süß Oppenheimer, der Financier des Herzogs, Christian Friedrich Daniel Schubart, Dichter und Zeitungsmann, Friedrich List, Begründer der modernen Volkswirtschaft und Eisenbahnpionier, die 1848er Julius Haußmann und Theobald Kerner, Eugen Bolz, württembergischer Staatspräsident, den die Nationalsozialisten hier oben einsperrten, und nach dem Zweiten Weltkrieg Helmut Palmer, der »Remstalrebell« und Vorkämpfer für mehr direkte Demokratie nach Schweizer Vorbild. An sie wird hier oben in einem Museum erinnert. *Hohenasperg – ein deutsches Gefängnis* heißt das Zweigmuseum des *Hauses der Geschichte Baden-Württemberg*.

Fast von jedem Ort im Kreis Ludwigsburg ist der *Asperg* zu sehen, der wie ein Schiff in der Landschaft liegt. Der rund 100 Meter hohe Keuperberg (355 m ü. NHN), geschützt von einer Überdeckung aus Schilfsandstein, war seit vorchristlicher Zeit besiedelt. Zahlreiche Gräber keltischer Fürsten in seiner Umgebung

Der Hohenasperg, ein Zeugenberg, mit seiner Festung vom Bürgergarten aus. Der isoliert in der weiten Ebene stehende Hohenasperg vermittelte vor geologischen Zeiten den Zusammenhang zwischen Stromberg und den Stuttgarter Keuperzügen.

legen nahe, dass er um 500 v. Chr. Sitz eines keltischen Fürsten war. Eines dieser Gräber war vollständig erhalten, als es ausgegraben wurde, ein Jahrhundertfund! Für den Keltenfürsten von Hochdorf und seine prächtigen Grabbeigaben hat man sogar ein eigenes Museum gebaut. Mit Methoden der experimentellen Archäologie hergestellte perfekte Nachbildungen kann man in diesem Museum bestaunen, viel über das keltische Handwerk lernen und die originalgetreu restaurierte Grabkammer des Fürsten besuchen. Die Originalfunde werden allerdings im *Württembergischen Landesmuseum* in Stuttgart ausgestellt.

Die mittelalterliche Stadt Asperg lag einst oben auf dem Berg wie eine riesige Burg und wurde während ihrer Geschichte mehrfach belagert. Als der vom Kaiser des Landes verwiesene Herzog Ulrich im Bündnis mit anderen protestantischen Fürsten 1534 sein Land zurückeroberte, ließ er auf dem *Hohenasperg* eine mächtige Festung anlegen. Die Stadt verlegte er kurzerhand an den Fuß des Berges.

Alle 30 Minuten fährt die S 5, in Richtung Bietigheim-Bissingen, vom Bahnhof in Ludwigsburg nach Asperg. Gerade mal fünf Minuten braucht sie für die kurze Strecke. Um auf den *Hohenasperg* zu kommen, gehen wir entlang der Bahngleise ein kurzes Stück auf der *Alleenstraße* bis zur *Lehenstraße*, der wir 50 Meter folgen, bis rechts die *Friedrichsstraße* abzweigt, auf der wir nach weiteren 50 Metern nach einer Linkskurve die *Panoramastraße* erreichen. Verlaufen können wir uns nicht, denn es geht immer weiter den Berg hinauf und auf die Festung zu, die direkt vor uns liegt. Der Eingang befindet sich auf der Westseite, deshalb müssen wir ca. 200 Meter entlang der Festungsmauern wandern, mit schönem Blick auf die Weinberge, den Ort Asperg und die weite Umgebung.

MITTELALTERLICHE STADTBILDER
IN BIETIGHEIM-BISSINGEN UND BESIGHEIM

Von Asperg aus fährt der Zug in einem Viertelbogen um den *Hohen-asperg* herum, sodass wir ihn von seiner Ost- und Nordseite, die im Gegensatz zur besonnten Südlage mit ihren Mauerweinbergen bewaldet sind, betrachten können. Nach zwei Minuten ist ⋯⫶ **Tamm** erreicht. Auch diese Gemeinde prägte der Weinbau. Die ehemalige Kelter ist zum Bürgerhaus umgebaut. Daneben gruppieren sich das alte Rathaus, die spätgotische *Bartholomäus-kirche* mit Backhaus davor sowie das historische *Gasthaus Ochsen*, ein schmucker Fachwerkbau. Ausgedehnt haben sich in Richtung Ludwigsburg und A8 die Wohn- und Gewerbegebiete. Fast nahtlos schließt sich entlang der Bahnstrecke Bietigheim-Bissingen an, auch Bi-Bi genannt!

Bei der Einfahrt in den Bahnhof ⋯⫶ **Bietigheim-Bissingen** bemerkt man sofort, dass es sich hier um einen bedeutenden Eisenbahnknotenpunkt handeln muss. Hierzu ein Blick in die Bahngeschichte: 1847 wurde die *Nordbahn* von Ludwigsburg bis nach Bietigheim in Betrieb genommen. Die Fortsetzung nach

Das Bietigheimer Viadukt – Eisenbahnbrücke über die Enz im Stil eines römischen Aquädukts.

Unteres Tor mit Bemalung und moderne Skulptur.

Heilbronn folgte ein Jahr später. Nach langen politischen Abstimmungen zwischen Württemberg und Baden und langer Suche wurde die Verbindung nach Baden von Bietigheim aus über Mühlacker nach Bruchsal gewählt. Als *Westbahn* wurde sie 1853 eröffnet. Die Enz querte man mit dem zwischen 1851 und 1853 im Wesentlichen von Karl Etzel erbauten *Enztalviadukt*. Diese im Stil eines römischen Aquäduktes errichtete, 32 Meter hohe Eisenbahnbrücke mit 21 halbkreisförmigen Bögen galt als eines der imposantesten Verkehrsbauwerke seiner Zeit in Deutschland und ist das Wahrzeichen der Stadt.

1879 wurde nach Osten eine Spange von Bietigheim über Marbach am Neckar nach Backnang eröffnet. Gleich nach dem Ende des Zweiten Weltkriegs wurde diese Verbindung eingestellt. Bis zur Aufnahme des ICE-Verkehrs auf der Schnellfahrstrecke Stuttgart–Mannheim war Bietigheim bedeutender Knotenpunkt der Ost-West- und Nord-Süd-Verbindungen. Seither, mit Ausnahme des Güterverkehrs, hat Bietigheim vorwiegend regionale Bedeutung. Bis hierher fährt die S-Bahnlinie S 5 von Stuttgart und ebenso die S-Bahn S 5 von Karlsruhe. Einen Intercity auf dieser Strecke direkt nach Heidelberg und Mannheim gibt es hier auch, wir wollen aber den Neckar entlangfahren auf der Strecke über Heilbronn und Neckarelz.

In Bietigheim-Bissingen – Bissingen ist seit 1975 eingegliedert – lohnt es sich auszusteigen, zur *Enzaue*, dem Areal der Landesgartenschau von 1989, hinunterzuwandern und das *Enzviadukt* zu bestaunen, um dann die Altstadt von Bietigheim zu besuchen. Bietigheim wurde 789 erstmals erwähnt und bekam 1364 Stadtrecht. An der Mündung der Metter in die Enz und einem wichtigen Enzübergang gelegen, trug zu seinem Wohlstand natürlich auch der bedeutende Weinbau bei. Mit der Fertigstellung der Bahnen erlebte die Stadt einen nachhaltigen industriellen und wirtschaftlichen Aufschwung. Die Altstadt von Bietigheim bietet eine Vielzahl schmucker Fachwerkhäuser, von denen das *Hornmoldhaus,* in dem sich das *Stadtmuseum* befindet, sicher das bedeutendste ist, eines der besterhaltenen Bürgerhäuser der Renaissance in Süddeutschland. Sehenswert sind das *Rathaus* von 1507 mit einer astronomischen Kunstuhr an seiner Schauseite sowie das ehemalige Bietigheimer Schloss, welches heute als *Kulturhaus* dient. Von der mittelalterlichen Stadtbefestigung sind noch einige Elemente erhalten, von denen der *Pulverturm* mit Wehrgang und das *Untere Tor* hervorzuheben sind. Am nördlichen Stadtrand steht die evangelische *Stadtkirche*. Direkt daneben, das zeigt ihren Stellenwert, befindet sich die *Kelter*, die einst vier Kelterbäume beherbergte. In einer ehemaligen Getreidescheune ist die *Städtische Galerie* untergebracht. Bemerkenswert ist die Fülle von historischen und modernen Skulpturen, die in der Stadt zu finden sind.

In Bissingen fällt sofort die 1904 erbaute mächtige *Rommelmühle* auf, eine siebengeschossige ehemalige Großmühle. Die *Kilianskirche* stammt von 1520 und zeigt in ihrem Inneren schöne Fresken. Imposant ist der *Untere Vattersche Hof*, ein Bürgerhaus.

Ausflugstipp: Dem Flößerweg entlang

Zu empfehlen ist auch eine Rad- bzw Fußwanderung auf dem Flößerweg entlang der Enz nach Bissingen zum ehemaligen Flößerkanal und wieder zurück (einfache Strecke 7 km), aber auch hinunter nach Besigheim (einfache Strecke 8 km), ein Themenweg mit zahlreichen Infotafeln zur Geschichte der Flößerei und des Holzhandels auf der Enz. Spätestens seit dem 14. Jahrhundert wurde auf der Enz Holz aus dem Nordschwarzwald zum Neckar und zum Rhein hinunter geflößt.

Unsere Reise mit der Bahn geht weiter entlang der Enz. Von Bietigheim an haben die damaligen Bahningenieure sich für diese Streckenführung entschieden. Dieser längste aus dem Nordschwarzwald herführende linke Nebenfluss des Neckars hat sich unter Bildung von Schlingen in den Muschelkalk eingetieft. Seit Rottenburg waren wir nicht mehr im Muschelkalkgebiet. Entlang des rechten, zunächst bewaldeten, dann zwischen Trockenmauern die Reben tragenden Steilhangs, fährt der Zug auf Besigheim zu und überquert auf einer neuen Brücke die

Enz. Von nun an bis fast nach Neckarelz werden uns die steilen Weinberge nicht mehr verlassen. Rechts vor uns baut sich auf einem von Enz und Neckar fast umschlossenen Bergsporn das Städtchen ···} **Besigheim** auf, wo der Zug hält; eine Erkundung empfiehlt sich.

Liegt heute die Stadt im Württembergischen, so war das einst anders: Der Stauferkönig Friedrich I. Barbarossa schenkte Besigheim dem Markgrafen Hermann III. von Baden. Daher erklärt sich das badische Wappen an der Enzbrücke und auf der Brunnenfigur am Marktplatz. 1505 wurde Besigheim württembergisch, 1520 habsburgisch, 1529 wieder badisch und 1595 durch Kauf endgültig württembergisch. Die Stadtrechte gehen zurück bis etwa um 1200. In diese Zeit fiel auch der Ausbau mit Stadtmauer und Stadttürmen, die 1805 teilweise abgetragen wurden, aber heute dennoch einen guten Eindruck der mittelalterlichen Stadtanlage vermitteln. Von der unteren Burg ist noch der *Waldhornturm* erhalten. Er kann bestiegen werden. Gegenüber liegt die obere Burg mit dem etwas höheren *Schochenturm* mit einer Turmwärterwohnung, anschließend das *Steinhaus*, der ehemalige Palas der Burg, verbunden mit dem Stadttor, daneben die gotische evangelische *Stadtkirche*.

Obere und untere Burg verbindet die *Kirchstraße* mit zahlreichen verzierten Fachwerkhäusern. Zentral gelegen der *Marktplatz* mit dem Rathaus von 1459 und

Links: Besigheim von der Enzbrücke. Rechts: Der Enz entlang am Fuße der steilen Muschelkalk-Mauerweinberge fährt die Bahn.

Inschrift an der Enzbrücke.

Stadtapotheke. Ein wichtiges Gebäude ist der *Fruchtkasten* mit Kelter, denn Besigheim ist ja auch ein bedeutender Weinbauort. Bekannt ist die Großlage *Schalkstein*. Besigheim ist der Sitz der *Felsengartenkellerei*. Oberhalb der Stadt steht der *Wartturm*, ein mittelalterlicher Wachtturm, auch *Mehlsack* genannt. Unten an der Neckarschleuse befindet sich der Schiffsanleger für die Ausflugsschiffe. Ein Erlebnis ist eine kombinierte Bahn-Schiffsreise, beispielsweise von hier aus mit dem Schiff neckarabwärts bis Lauffen oder Heilbronn.

Weiter geht es mit dem Zug entlang der Enz zu Füßen des steil aufsteigenden Prallhangs mit den Mauerweinbergen kurz in östliche Richtung. Bei der Mündung der Enz in den Neckar biegt die Strecke ein wenig nach Norden Walheim zu. Nun begleiten wir wieder den Neckar, den wir zuletzt in Bad Cannstatt gesehen haben. Hier befinden wir uns im Kernland des württembergischen Weinbaus, dessen Steillagen in den tief eingeschnittenen Muschelkalktälern von seinen über Jahrhunderte entstandenen Trockenmauern und Staffeln geprägt sind. Diese in mühseliger Arbeit geradezu kunstvoll gestaltete Kulturlandschaft wird auch als *Steinernes Weltwunder*, *Schwäbisches Amphitheater* oder als *Felsengärten* bezeichnet. Schon Goethe waren die Mauern aufgefallen, als er 1797 in sein Tagebuch schrieb, hier seien Weinberge »mit Mauerwerk artig zu Terrassen verbunden«. Und der Pflanzengeograf Robert Gradmann nannte diese Mauerlandschaft gar schwärmerisch »die großartigste Kulturlandschaft des Abendlandes«.

Nächste Station ist ⇢ **Walheim am Neckar**, auch ein bedeutender Römerort. Ein frühes Lager aus der Zeit um 90 n. Chr. gehört zu den ältesten Befestigungen am mittleren Neckar. Südlich von diesem fand sich ein weiteres Kastell aus dem 2. Jahrhundert n. Chr. am linken Neckarufer, das zum Neckarlimes gehörte, ferner ein großes Handelshaus und ein Marktplatz. Gefunden wurde auch eine Jupitergigantensäule, die vor dem Museum aufgebaut ist. Die zahlreichen Funde werden anschaulich präsentiert im *Museum Römerhaus*, das zum *Archäologischen Landesmuseum Baden-Württemberg* gehört. Der Ortskern des Weinbauorts ist denkmalgeschützt. Am Rande zum Neckar hin steht das Kraftwerk Walheim. Bei der Vorbeifahrt sehen wir das dorthin abzweigende Bahngleis. Gegenüber liegt Gemmrigheim.

Rasch folgt ⇢ **Kirchheim am Neckar**, das am Rücklauf einer Neckarschleife liegt, durch die heute der Mühlbach fließt. Einige historische Bauten fallen in diesem Dorf auf: Das einem Stadttor gleichende *Neckartor* und der Ortsarrestturm mit ausbruchssicherem Verlies sind Reste der mittelalterlichen Stadtbefestigung; die 1670 nach einem Brand wieder aufgebaute und 1800 im Auftrag von Herzog Friedrich Eugen erweiterte *Storchenkelter* – heute Bücherei – zeugen vom einstigen Reichtum der Gemeinde. Der Ort hatte den Status eines Reichsdorfs, dessen Bewohner nicht der Leibeigenschaft unterworfen waren und keine Frondienste leisten mussten. Somit konnten bestimmte Hoheitsrechte ausgeübt werden. Ein harmonisches Ensemble bildet auch die evangelische *Mauritiuskirche* mit Pfarrhaus, ehemaliger Schule, Dorfkneipe und historischem Rathaus in Verbindung mit der modernen Erweiterung.

Kurz nach dem Bahnhof kann man nach rechts einen Blick auf die Neckarschleife und das *Kernkraftwerk Neckarwestheim* werfen, dessen erster Block derzeit abgebaut wird. Der zweite Block wird noch bis 2022 am Netz bleiben. Danach kommt der 584 Meter lange *Kirchheimer Tunnel*. Das Bauwerk kürzt die Neckarschlinge nördlich von Kirchheim ab, indem es durch die Muschelkalkschichten des Prallhangs zur alten *Lauffener Schlinge* stößt. 1848 wurde der östliche, rechtsseitige Tunnel in Richtung Heilbronn fertiggestellt, 1893, als die Strecke zweigleisig ausgebaut wurde, kam der zweite, linksseitige Tunnel hinzu. Der Kirchheimer Tunnel ist Tatort im Kriminalroman des österreichischen Schriftstellers Heimito von Doderer (1896–1966), »Ein Mord, den jeder begeht« von 1938.

Unmittelbar am nördlichen Tunnelmund führt die Bahnstrecke durch das Naturschutzgebiet *Alte Lauffener Neckarschlinge*, anschließend den historischen Neckarlauf und die Zaber entlang nach Lauffen.

Die Jupitergigantensäule vor dem Römerhaus in Walheim.

Die Schlingen des Neckars

Im aufgewölbten Muschelkalk zwischen Besigheim und Lauffen hat sich der Neckar bis zu 100 Meter tief eingeschnitten und ein weiträumiges, stark mäandrierendes Kastental gebildet. Mit der *Lauffener, Kirchheimer* und *Neckarwestheimer Schlinge* schuf der Fluss drei markante Talschlingen, die später, in erdgeschichtlich jüngerer Zeit, von ihm wieder abgeschnürt wurden. Die jüngste, die *Lauffener Schlinge*, verließ der Neckar vor rund 2500 Jahren, als er einen schmalen Muschelkalkriegel zwischen der heutigen sogenannten Rathausinsel und der Kirche durchbrach. Die Zaber füllte das alte Bett mit Ablagerungen auf und verschloss den Abfluss. Der Südteil der Schlinge versumpfte. Der hier mit zwei Dämmen 1454 unter Graf Ulrich von Württemberg angelegte See diente der Fischzucht und wurde erst 1820 abgelassen. So war Lauffen Fischlieferant für den württembergischen Hof. 1978 wurde der ökologisch bedeutendste Teil der Schlinge, die einen letzten Rest natürlichen Auenwaldes beherbergt, als Naturschutzgebiet *Alte Lauffener Neckarschlinge* geschützt.

LAUFFEN AM NECKAR – HÖLDERLIN-STADT, STADT DER KARTOFFELN UND DES WEINS

In deinen Tälern wachte mein Herz mir auf
Zum Leben, deine Wellen umspielten mich,
Und all der holden Hügel, die dich
Wanderer! kennen, ist keiner fremd mir.
(Friedrich Hölderlin, Der Neckar)

Wir erreichen die *Hölderlinstadt* ⋯⋗ **Lauffen am Neckar**. Die Stadt wuchs aus vier Kernen zusammen: dem in alemannischer Zeit entstandenen *Dorf* auf dem linken, der erstmals im 13. Jahrhundert genannten *Stadt* auf dem rechten Neckarufer, der ehemaligen *Burg* auf der Neckarinsel und dem um 1000 gegründeten *Kloster* nahe der Zabermündung. Im 9. Jahrhundert erscheint Lauffen als Königsgut, das 832 an den Vater der Heiligen Regiswindis, Markgraf Ernst vom Nordgau, verliehen wurde. Um 1219 wurde

Das Elternhaus von Hölderlin.

Blick von der alten Neckarbrücke in Lauffen, links Regiswindiskirche, rechts die Rathausburg.

Lauffen von Kaiser Friedrich II. an die Markgrafen von Baden verpfändet und fiel dann im 14. Jahrhundert an Württemberg.

Zur Erkundung der Stadt gehen wir am besten westlich des Bahnhofs entlang der Straße *Im Brühl* auf den Kreisverkehr zu, in dessen Mitte der Bildhauer Peter Lenk 2003 die ausladende Skulptur geschaffen hat, die Friedrich Hölderlins Lebens- und Rezeptionsgeschichte zeigen soll, denn ganz in der Nähe, in der *Nordheimer Straße,* steht das Elternhaus des Dichters (1770–1843), im Besitz der Familie Hölderlin von 1743 bis 1775.

Neben dem Hölderlinhaus zeugen Mauerreste und ein ehemaliger Kirchenbau vom einstigen Prämonstratenserinnenkloster. Heute sind darin das *Museum im Klosterhof* sowie das vorbildlich präsentierte *Hölderlinzimmer* untergebracht. Etwas zur Zaber hin im Garten des Museums findet man das *Hölderlin-Denkmal*

Links: Hölderlin-Denkmal im Museumsgarten. Rechts: Blick über den Neckar auf das Muschelkalk-Felsenband im Naturschutzgebiet.

mit einem Zinkrelief der Büste des Dichters, das früher den Eingang des 1918 abgerissenen Amtshauses des Klosterhofmeisters zierte, das lange als Geburtshaus gegolten hatte.

Gegenüber steht die *Alte Ölmühle*, 1757 errichtet, letzte an der Zaber stehende Mühle. Dem Flüsschen entlang, unter der Bahn hindurch und über den Festplatz geradeaus, leicht den Berg hinauf, gelangen wir ins *Dorf*. Auf dem Fels erhebt sich die *Regiswindiskirche,* erstmals im 8. Jahrhundert als *Martinskirche* erwähnt. Hier wurden die Gebeine der Ortsheiligen Regiswindis beigesetzt. Nach Um- und Neubauten wurde die Kirche im 13. Jahrhundert der Heiligen Regiswindis geweiht und entwickelte sich zu einer Wallfahrtskirche. Im einstigen Friedhof um die Kirche diente die *Regiswindiskapelle*, ehemals *St.-Anna-Kapelle*, als Beinhaus. Mit der Versetzung des Sarkophags der Regiswindis, der 839 gewaltsam getöteten Tochter des Burgherrn, in die Kapelle im Jahr 1882 bürgerte sich die Bezeichnung *Regiswindiskapelle* ein.

Es geht nun hinunter an den Neckar. Ein eindrucksvolles Bild ergibt sich von der *Alten Neckarbrücke* auf *Regiswindiskirche* links und Burg rechts. Die Brücke wurde 1474 erstmals, 1532 erneut erbaut, mit einer Länge von 220 Metern und elf Joch-bögen – heute sind nur sechs Bögen erhalten –, und war lange Zeit die längste in Württemberg. Die einstige Idylle hat durch die Kanalisierung des Neckars gelitten.

Unterhalb der Burg ist der durchbrochene Muschelkalk deutlich erkennbar. Nach der Brücke gelangen wir in die auf einem Bergrücken errichtete Stadt mit der Stadtmauer im Süden, mit *Neuem Heilbronner Tor* von 1772 im Osten, welches das mittelalterliche *Alte Heilbronner Tor* weiter westlich ablöste. Das einst nahe gelegene *Obere Schloss* wurde im Dreißigjährigen Krieg gänzlich zerstört. Das im Jahre 1568 als erster Flügel einer Schlossanlage durch Herzog Christoph erbaute größte Gebäude im Stadtkern blieb unvollendet und wurde Stadtkelter. Ferner sind sehenswert: die *Martinskirche*, das *Alte Gefängnis*, der *Vogtshof* und das *Gasthaus Sonne*. Sodann gehen wir auf die Burg und schauen über den tief unter uns fließenden Neckar hinüber zur Kirche. Die Burg wurde im 11. Jahrhundert von den Grafen von Lauffen als Wasserburg erbaut, diente als Sitz der Vögte und Oberamtsleute und seit 1818 als Rathaus. Im Wohnturm ist eine Ausstellung mit mittelalterlichen Gegenständen untergebracht.

Über die Neckarbrücke und durch das *Dorf* gelangen wir wieder zum Bahn-hof. Die fruchtbare Landschaft mit guten Böden und sonnigen Lagen hat Lauf-fener Kartoffeln und den Wein berühmt gemacht. 1896 wurde die *Zabergäubahn* eröffnet, 1901 bis nach Leonbronn verlängert, 1986 rollte der letzte Schienenbus aus dem Zabergäu nach Lauffen. Die Strecke wird als Stadtbahnstrecke nach Heil-bronn diskutiert.

Wir fahren aus dem Lauffener Bahnhof hinaus, überqueren die Zaber, die heute die alte Neckarschlinge durchfließt, erhaschen rechts noch schnell einen Blick auf die Durchbruchstelle des Neckars mit Burg und Kirche. Die Bahn folgt zunächst dem nun nach Osten ausgreifenden Neckarbogen in seinem Gleithang – bestes Ackerland! Gegenüber sehen wir den Prallhang mit den widerstandsfähigen Mu-schelkalkfelsen, darunter den Fluss und dazwischen das Band der Mauerwein-berge. Das langgestreckte Felsband ist ein Naturschutzgebiet: *Prallhang des Ne-ckars bei Lauffen*.

Der Zug hält in ⇢ **Nordheim**, der einstigen Bauern- und Weingärtnerge-meinde (links). Die guten Ackerböden und Weinlagen haben zur Folge, dass heute noch 70 Prozent der Gemeindefläche landwirtschaftlich genutzt werden. Große ehemalige Hofanlagen, Gutshäuser und *Alte Kelter* belegen den durch Acker- und Weinbau erreichten Wohlstand. Rechts der Bahnlinie fließt nun der Altarm des Neckars. Der sogenannte Schifffahrtskanal, mit dem man 1921 be-gann, liegt weiter östlich. Altarm und Insellage sind als Naturschutzgebiet *Alt-neckar Horkheim* geschützt.

HEILBRONN AM NECKAR: EINSTIGE REICHSSTADT – HEUTIGE METROPOLE DES UNTERLANDES

Auf dem schmalen Ufersaum erbaute die Bahn erst 50 Jahre nach der Eröffnung der Nordbahn den Haltepunkt Klingenberg, 1921 einen Bahnhof; seit 1971 halten keine Züge mehr. Man hofft auf den Ausbau der Strecke als Stadtbahn über Lauffen ins Zabergäu, die hier einen Halt erhalten soll. Den Heilbronner Stadtteil beherrscht auf einem Bergsporn oberhalb des Neckars das *Neippergsche Schloss*, das auf eine Burg des mittelalterlichen Ortsadels zurückgeht. Die Anlage wurde im Zweiten Weltkrieg beschädigt. Erdgeschichtlich von Interesse ist das linker Hand zu sehende Felsband, unter welchem sich wieder Weinberge hinziehen. Es handelt sich dabei nicht um Felsen, sondern um Schotter, der wie mit Beton »verbacken« ist, Hochterrassenschotter, die rund 30 Meter über der Talsohle liegen, aus Zeiten, als der mittel- bis altpleistozäne Neckar viel höher floss.

Rasch ist Böckingen, ebenfalls Stadtteil von Heilbronn, erreicht, das früher auch einmal einen Bahnhof hatte. Das Dorf Böckingen lag bis ins 14. Jahrhundert direkt am Neckarufer. Bei einem Hochwasser 1333 suchte sich der Hauptstrom einen neuen Weg weiter östlich, dort wo der heutige Neckar-Altarm fließt. Der frühe Flussverlauf fiel teilweise trocken, es bildete sich der *Böckinger See* und die Bewohner erhielten den Necknamen *Böckinger Seeräuber*. Dieser fruchtbare Raum wurde sehr früh be-

Das Süddeutsche Eisenbahnmuseum im ehemaligen Bahnbetriebswerk.

siedelt, erste Spuren gehen auf das Jahr um 4000 v. Chr. zurück. Die Römer errichteten um 85 bis 90 n. Chr. ein zum Neckar-Odenwald-Limes gehöriges Kastell.

Erstmals erwähnt wurde der Ort 767. In der Zeit des Bauernkriegs und der Reformation war Böckingen das Heimatdorf der Schwarzen Hofmännin und von Jäcklein Rohrbach, bekannte Anführer der Bauern im Deutschen Bauernkrieg. Seit der Eröffnung der *Württembergischen Nordbahn* mit Rangier- und Güterbahnhof, Bahnbetriebswerk mit 14-ständigem Ringlokschuppen und der Drehscheibe von 1893, der letzte Ringschuppen dieser Art der *Königlich Württembergischen Staatseisenbahnen*, wandelte sich Böckingen von einem Bauern- und Weingärtnerdorf zu einer Arbeiterwohngemeinde, später, 1919, zu einer Stadt, die 1933 nach Heilbronn eingemeindet wurde. Wir sehen links das breite Band der Rangier- und Abstellgleise, dann das alte Bahnbetriebswerk, das seit einigen Jahren Kulturdenkmal und *Süddeutsches Eisenbahnmuseum* ist. Daran vorbei führt nach Westen das Gleis der *Kraichgaubahn*, auf dem die Stadtbahn S 4 in Richtung Eppingen, Bretten und Karlsruhe fährt.

HEILBRONN – LEHRREICHE RUNDFAHRT MIT DER NEUEN STADTBAHN

Sogleich wird der 1958 bis Stuttgart eröffnete Neckarkanal auf einer Brücke hinüber nach Heilbronn überquert. Links sind die Hafenanlagen, rechts die Neckarschleuse zu sehen, anschließend der Hochbunker aus der Zeit des Zweiten Weltkriegs. Bis Neckargmünd verläuft nun die Bahnstrecke rechts des Flusses, seit Bad Cannstatt fuhren wir links davon. Jetzt wird der ⤳ **Hauptbahnhof Heilbronn** erreicht.

Hier haben wir zwei Möglichkeiten, neckartalabwärts zu fahren: Entweder geht es auf dem DB-Gleis weiter oder wir steigen ein in die vor dem Hauptbahnhof startende, seit 2014 bestehende Stadtbahnlinie durch die Stadt. In Neckarsulm kommen wir wieder aufs DB-Gleis. Im ersten Fall queren wir nach Weiterfahrt den *Wilhelmskanal* und den *Alten Neckar*, sehen links das aus alten Gleis- und Güterschuppenanlagen neu entstehende Gelände der Bundesgartenschau 2019, durchqueren das neue Hochschulviertel, kommen am Haltepunkt ⤳ **Sülmertor** vorbei und fahren östlich entlang des Heilbronner Industriegebiets bis Neckarsulm. Empfehlen möchten wir aber die zweite Variante, die mit der Stadtbahn durch Innenstadt und Industriegebiet führt.

Seit Mitte 2001 fährt die Stadtbahn durch die Bahnhof- und Kaiserstraße in Heilbronns Innenstadt. Dabei hatte diese Stadt schon einmal eine Straßenbahn – von 1897 bis 1955 die *Spatzenschaukel*. Unter dem neuen, weit ausladenden Glasdach

Der Heilbronner Hafen ist mit einem Umschlaganteil von über 50 Prozent der wichtigste Hafen am Neckar.

vor dem Heilbronner Hauptbahnhof ⋯⋗ **Willy-Brandt-Platz**, erbaut 1958 anstelle des 1874 entstandenen zweiten Bahnhofs der Stadt, der beim Bombenangriff auf Heilbronn am 4. Dezember 1944 ausbrannte, nimmt uns der moderne und bequeme Stadtbahnzug der Linie S 41 in Richtung Neckarelz-Mosbach auf. Im Stadtbahnzug können wir auch bis nach Neckarelz fahren oder in Neckarsulm oder Bad Friedrichshall wieder den Regionalzug besteigen. Diese Strecke wurde 2014 für die Stadtbahn gebaut bzw. ausgebaut.

Während wir die neu gestaltete *Bahnhofstraße* durchfahren, fallen uns zu beiden Seiten einige wenige altehrwürdige Sandsteingebäude aus der Zeit des Jugendstils auf, so das alte Postamt oder Geschäftshäuser, die glücklicherweise vor der Kriegszerstörung bewahrt blieben und einen Hauch des alten Heilbronn vermitteln. Kurz vor der Neckarbrücke lag der allererste Bahnhof der Stadt, ein Kopfbahnhof, erbaut im Jahre 1848 unmittelbar in der Nähe des alten *Wilhelmshafens*, des daran anschließenden ersten Heilbronner Industriegebiets und des Stadtkerns. Drei Gleise mit zwei Bahnsteigen liefen auf eine Drehscheibe zu. 1848 wurde die Strecke von Stuttgart bis hierher dem Verkehr übergeben, Heilbronns erster Eisenbahnanschluss.

Rasch entwickelte sich die Neckarstadt zu einem bedeutenden Bahnknotenpunkt: 1862 wurde die Strecke nach Schwäbisch Hall eröffnet, vier Jahre darauf die nach Jagstfeld. Wenig später wurde dann draußen vor der Stadt der neue Durchgangsbahnhof errichtet. 1878 vervollständigte die *Kraichgaubahn* bis Schwaigern, 1900 die *Bottwartalbahn* über den Heilbronner Südbahnhof den Schienenknoten. Heilbronn war bis in die 1970er Jahre Schnittpunkt wichtiger Linien zwischen Paris–Prag und Zürich–Hamburg.

Von der neuen Haltestelle ⋯⋗ **Kurt-Schumacher-Platz** aus bietet sich ein Blick auf die Neckarseite der Stadt: markant der Westturm der *Kilianskirche*. Von der Neckarbrücke aus erkennen wir die Reste des 1819 bis 1821 von Karl August Friedrich von Duttenhofer erbauten *Wilhelmshafens* mit der alten *Wilhelmsschleuse*, dahinter den Backsteinblock des ehemaligen Speichergebäudes, den *Hagenbucher*, in dem sich die *experimenta* befindet. Die *experimenta* ist eine »Lern- und Erlebniswelt« mit interaktiven Exponaten und aufwendigen Inszenierungen verschiedener naturwissenschaftlicher und technischer Themen für Besucher aller Altersstufen. Daneben steht der moderne und architektonisch einmalige Erweiterungsbau.

Auf der Brücke queren wir den Neckararm, den die Heilbronner 1333 Dank kaiserlichen Privilegs aus der Aue heraus, dort wo heute der Neckarkanal verläuft, zur ehemaligen Stadtmauer hin wenden und kehren durften. Diese Maßnahme erhöhte den Schutz der Stadt und gereichte ihr nach dem Bau von Wehren, Mühlen und Hafenanlagen in Verbindung mit Zollerhebungen zu wirtschaftlichem Wohlergehen. Die Heilbronner Mühlen am Neckar gelten als Ausgangspunkt für die frühe Industrialisierung Heilbronns in der ersten Hälfte des 19. Jahrhunderts.

Von der Brücke aus zeigen sich die Reste der ehemaligen reichsstädtischen Befestigung: rechts der *Götzenturm*, 1392 als südwestlicher Eckpfeiler der ehemaligen Stadtmauer errichtet. Nicht in diesem saß Götz von Berlichingen im Jahre 1519 aber gefangen, wie früher angenommen wurde, sondern im linker Hand zu erblickenden *Bollwerksturm*, Zeuge der staufischen Stadtbefestigung aus dem 13. Jahrhundert. Gleich rechts sehen wir Teile des ehemaligen *Deutschhofs* – das heutige Kulturzentrum von Heilbronn – mit dem *Deutschordensmünster*.

Historisches Rathaus mit Renaissancefront und Astronomischer Kunstuhr von Isaak Habrecht.

Links: Käthchenhaus mit dem Erker von Hans Schweiner, im 16. Jahrhundert vermutlich Wohnhaus des Heilbronner Reformators Johann Lachmann. Rechts: Das Robert-Mayer-Denkmal auf dem Heilbronner Marktplatz erinnert an den großen Sohn der Stadt, den Naturforscher Robert Mayer.

Sogleich gelangen wir an die Haltestelle ⋯⟩ **Marktplatz**. Der Aufenthalt dort erlaubt uns einen genaueren Blick auf die zentralen und markanten Gebäude der Stadt: links am Eck das *Käthchenhaus*, ein im gotischen Stil erbautes Patrizierhaus mit Renaissance-Erker – eines der wenigen Steinhäuser der alten Stadt. Der Sage nach soll hier das Käthchen von Heilbronn, Hauptfigur des gleichnamigen Schauspiels von Heinrich von Kleist, gewohnt haben. Die *Käthchenstadt* beherbergt auch das *Kleist-Archiv Sembdner*, benannt nach dem Kleistforscher, aus dessen Sammlung es hervorgegangen ist.

Etwas eingerückt schließt sich das Rathaus an, ein auf das 13. Jahrhundert zurückgehender Bau, der mehrfach verändert wurde, mit vorgebauter Renaissance-Treppe und der astronomischen Kunstuhr, einem Werk des Isaak Habrecht aus dem Jahre 1580. Davor, etwas nach rechts versetzt, thront auf seinem Denkmal der große Sohn der Stadt, der Arzt und Naturforscher Julius Robert Mayer (1814–1878), Entdecker des Gesetzes zur Erhaltung der Energie.

Rechts von uns steht die *Kilianskirche*, deren Turm, von dem aus Weinsberg stammenden Baumeister Hans Schweiner erbaut, als eines der ersten bedeutenden Renaissance-Bauwerke in Deutschland gilt – eine Spitzenleistung der Architektur dieser Zeit. In einer reichhaltigen figürlichen Bauornamentik stellte Schweiner die kirchlichen Missstände jener Zeit dar, als in der Reichsstadt Heilbronn die Auseinandersetzungen um die Reformation die Gemüter der Bürger bewegten. Der Baumeister schloss 1529 den Turm nicht mit einem religiösen Symbol ab, sondern mit einem Stadtsoldaten, dem Heilbronner *Männle*. Sehenswert ist im mittleren Chor der Hochaltar von Hans Seyfer von 1498.

Südlich der im letzten Krieg stark zerstörten Kirche befindet sich der *Sieben-röhrenbrunnen*, eine Erinnerung an den *Heiligen Brunnen*, nach dem die Stadt einst benannt wurde.

Kurz nach der Abfahrt von der Haltestelle ⇢ **Marktplatz** sehen wir rechts zum *Kiliansplatz*, dann links zur Sülmerstraße hin den *Hafenmarktturm*, der an der Stelle eines Turms der von französischen Truppen niedergebrannten frühgotischen *Franziskanerkirche* des Barfüßerordens steht. Der Stadtbahnzug erreicht die *Allee* – als Lindenallee zu Beginn des 19. Jahrhunderts auf der ehemaligen östlichen Begrenzung der Stadt mit Mauer und Graben angelegt.

Nun biegt an der *Allee* die neue Stadtstrecke mit den Linien 41 und 42 nach links ab, die Züge der Linie 4 fahren geradeaus nach Öhringen. Direkt neben dem 2001 umgestalteten Kongress- und Konzertzentrum *Harmonie*, das mit der *Kunsthalle Vogelmann* eine moderne Erweiterung erhalten hat, befindet sich die Haltestelle ⇢ **Harmonie**. Die *Allee* veränderte immer wieder ihr Erscheinungsbild. Nun zeigt Heilbronns »Prachtstraße« Boulevard-Charakter mit einer Gleisführung nach Norden auf der östlichen und nach Süden auf der westlichen Straßenseite.

Marktplatz mit Kilianskirche. Im Vordergrund rechts die Stadtbahn.

Aus Weinsbergs Friedhof hebet sich mein Grab,
Wann mit dem Dampfross ihr vorüberflieget,
dann ruft, ihr Lieben, »Grüß Dich Gott!« mir zu.
Mein Geist fliegt mit euch, nicht vom Tod besieget.
(Justinus Kerner)

Die Stadtbahn S 4 Richtung Öhringen (KBS 710.4 bzw. Hohenlohebahn, KBS 783) bringt uns in elf Minuten von der Heilbronner Innenstadt nach Weinsberg, der Stadt Justinus Kerners, der treuen Weiber und des Weins, wie es im Stadtmarketing heißt. Wir passieren die Haltepunkte ⋯⟩ **Friedensplatz,** ⋯⟩ **Finanzamt,** ⋯⟩ **Pfühlpark** und ⋯⟩ **Trappensee** und fahren direkt auf den Galgenberg zu, wo sich bis ins 19. Jahrhundert die Hinrichtungsstätte der Reichsstadt Heilbronn befand. Überall dehnen sich Weinberge über die fruchtbaren Keupersüd- und -südwesthänge aus. Als letzter Ausläufer der Löwensteiner Berge zieht sich der *Wartberg* weit nach Westen, der Hausberg der Heilbronner, mit dem Wartturm und dem klassizistisch, wie ein kleines Schlösschen anmutenden Gebäude der historischen Höhengaststätte. Goethe besuchte ihn, als er auf seiner Reise in die Schweiz in Heilbronn haltmachte. Es war der 28. August 1797, sein 48. Geburtstag. Angetan von der weiten Aussicht über das Heilbronner Becken notierte er in seinem Tagebuch: »Wir fanden eben die Sonne als eine blutrote Scheibe in einem wahren Sciroccoduft rechts von Wimpfen untergehen. Der Neckar schlängelt sich sanft durch die Gegend, die von beiden Seiten des Flusses sanft ansteigt.«

Links vom *Galgenberg* fährt die Bahn in den *Weinsberger Tunnel* ein. Auf der anderen Seite folgt der Haltepunkt ⋯⟩ **Weinsberg West** und es empfängt uns ein neues Landschaftsbild: das Weinsberger Tal, dominiert vom spitzen Bergkegel der *Weibertreu*. 1140 fand hier eine für die künftige Reichsgeschichte bedeutende Schlacht statt, in der der Stauferkönig Konrad III. seinen Widersacher Welf VI. schlug und dem staufischen Haus für mehr als ein Jahrhundert die Königsmacht sicherte. Der siegreiche König gestattete gnädig den Frauen, die auf der Burg Schutz gesucht hatten, mit ihrer persönlichen Habe abzuziehen. Diese schnappten sich kurzerhand ihre Männer und trugen sie den Burgberg hinunter, Anlass für künftige Dichtergenerationen, die berühmte Weinsberger Frauentreue in den höchsten Tönen zu loben. Nicht ganz auszuschließen ist allerdings, dass die Weinsbergerinnen damals in erster Linie die Arbeitskraft ihrer Männer retten wollten, ohne die der bäuerliche Alltag schwer zu bewältigen war.

Joachim Fernau beschrieb die Weinsberger Stadtansicht mit den Worten: »Am schönsten bietet sich die Stadt von Süden dar, stufenweise erheben sich die

Der Weibertreubrunnen vor dem Weinsberger Rathaus erinnert an die Rettungstat der Weinsberger Frauen im 12. Jahrhundert.

Giebelreihen über den Talgrund bis zu dem langgestreckten Umriss der Kirche aus dem 13. Jahrhundert, wundervoll ist die ganze Stadt in die Landschaft gebettet, angelehnt an ihr größtes Wahrzeichen, den edel geformten Bergkegel.«

Die Bahn fährt an der Weinsberger Altstadt vorbei zum Bahnhof ⇢ **Weinsberg**, einem spätklassizistischen Bau aus dem Jahre 1862. Zu dieser Zeit wurde die Bahnlinie von Heilbronn nach Schwäbisch Hall gebaut – mit Gastarbeitern aus Italien, die damals überall in Süddeutschland im Eisenbahnbau eingesetzt wurden.

Über die *Bahnhofstraße* erreichen wir nach wenigen Minuten das *Kernerhaus* an der Haller Straße. Sein Garten grenzt an die Stadtmauer mit dem nordöstlichen Eckturm. Justinus Kerner hat ihn seinem Garten einverleibt, darin Feste gefeiert und seine Besucher untergebracht. Nicht ganz geheuer soll es in diesem *Geisterturm* zugegangen sein. Das *Kernerhaus* war im 19. Jahrhundert ein Treffpunkt für alle, die Rang und Namen hatten und in der Region unterwegs waren. »Der Reisende glaubte nicht in Schwaben gewesen zu sein, wenn er nicht das Kernersche Haus besuchte«, schrieb der Theologe David Friedrich Strauß in einem Aufsatz über seinen Freund Justinus Kerner. Auch Kerners Sohn Theobald Kerner, ebenfalls Dichter und Arzt, 1848er und entschiedener Demokrat, empfing hier illustre Gäste wie den preußischen Kronprinzen und späteren Kaiser Fried-

Das Kernerhaus, heute ein literarisches Museum, war im 19. Jahrhundert ein Besuchermagnet für alle, die Rang und Namen hatten.

rich, die österreichische Kaiserin Sissi, Richard Wagner, Clara Schumann und im hohen Alter den jungen Theodor Heuss. Heute ist das *Kernerhaus* ein literarisches Museum, das gleichzeitig die ursprüngliche Atmosphäre eines biedermeierlichen Wohnhauses bewahrt hat.

Auf der Nordseite zieht sich auf dem Höhenrücken des *Grasigen Hags* die historische Stadtmauer bis zur Nordwestecke der Altstadt, hinter der die über 800-jährige *Johanneskirche* liegt, ein sehenswerter romanischer Bau mit gotischem Chor. Direkt dahinter steigt der Weg durch Weinberge mit herrlicher Aussicht zur Burgruine *Weibertreu* auf, die man in einer Viertelstunde erreicht. Auf dem Rückweg über die *Johanneskirche* passiert man den abwärts geneigten Weinsberger Marktplatz mit dem *Weibertreubrunnen* und dem *Weibertreumuseum* im Rathaus. Wer möchte, kann anschließend das einige Minuten Gehzeit weiter westlich liegende *Weinsberger Römerbad* besuchen, ein kleiner archäologischer Park mit den konservierten und überdachten Resten eines freistehenden römischen Badgebäudes. An der Bahnlinie entlang erreichen wir über Fußwege und ruhige Anliegerstraßen wieder den Weinsberger Bahnhof und fahren zurück nach Heilbronn-Harmonie.

Von Heilbronn nach Mosbach

Zurück in Heilbronn: Weiter geht die Fahrt um das Stadttheater herum in die nach Norden führende *Paulinenstraße*. Die Haltestellen ⋯⟩ **Theater** und ⋯⟩ **Technisches Schulzentrum** zeigen die gute Erschließung der Innenstadt. Die Stadtbahn unterfährt die DB-Strecke Heilbronn–Schwäbisch Hall und anschließend beim DB-Haltepunkt Sülmertor die Gleise der DB-Strecke Richtung Neckarsulm.

Nach der Durchfahrt gelangt die Stadtbahn in die zum Heilbronner Salzbergwerk führende *Salzstraße* und in das Industriegebiet. Von links kommt ein Industriegleis vom Hauptbahnhof hinzu. Heute bilden vom *Industrieplatz* bis in die *Austraße* das nordwärts führende Stadtbahngleis und das Industriebahngleis auf einer Länge von etwa 300 Metern ein sogenanntes Vierschienengleis. Damit kann Güterverkehr und Stadtbahnbetrieb auf einem Gleiskörper bewerkstelligt werden. Nach der Haltestelle ⋯⟩ **Industrieplatz** ist ein kurzer Blick nach rechts

Die Welt des Zweirads von ihren Anfängen bis in die Gegenwart wird im Museum präsentiert.

auf den Heilbronner Hausberg, den *Wartberg*, möglich, ein Ausläufer des Keuperberglands. Eine weitere Zuführung der Industriebahn besteht am Haltepunkt ⇢ **Hans-Rießer-Straße**. Die Gleise biegen nach rechts ab auf die DB-Strecke hin. Die Stadtbahngleise sind nun separat neben der DB-Strecke verlegt, mit einem Haltepunkt direkt an einem Einkaufszentrum ⇢ **Kaufland.** Kurz hinter der *Karl-Wüst-Brücke* verlassen wir die Stadtgrenze und befinden uns auf Neckarsulmer Gemarkung. Ein Bedarfshalt ist in ⇢ **Neckarsulm-Süd** entstanden

Die Stadtbahn fährt immer noch auf eigenem Gleiskörper, unter der Autobahn A6 hindurch, und mündet dann im Bahnhof Neckarsulm in das DB-Netz. Dort befindet sich auch die Stromwechselstelle, denn im Stadtgebiet fährt die Stadtbahn mit 750 Volt Gleichstrom, ab Bahnhof Neckarsulm auf den DB-Gleisen mit 15.000 Volt Wechselstrom.

NECKARSULM – DEUTSCHORDENSSTADT UND AUTOSCHMIEDE

Wir erreichen ⇢ **Neckarsulm** mit seinem historischen Bahnhofsgebäude. Rechts erkennen wir den Turm des ehemaligen Deutschordensschlosses mit dem berühmten *Deutschen Zweirad- und NSU-Museum.*

Die historischen Gebäude mit moderner Ausstattung und einmaliger Präsentation der Geschichte des Zweirads sind gleichsam ein Symbol für die Geschichte der Stadt: Erstens für 300 Jahre Herrschaft des Deutschen Ritterordens – die typischen Farben Schwarz und Weiß sind heute noch im Stadtwappen und in der Stadtflagge zu finden –, zweitens für bald 140 Jahre Kraftfahrzeugindustrie.

Bis zur Industrialisierung hatte der Weinbau die Stadt geprägt. 1834 wurde hier der Weinbauverein und 1855 die wohl älteste Weinbaugenossenschaft Deutschlands gegründet. Zeugen sind heute noch die *Große Kelter* und der *Schlosskeller*. Wein wurde an den Ausläufern des Keuperberglands im Osten der Stadt angebaut, z. B. am *Scheuerberg*, dessen Anhöhe bis zum Bauernkrieg eine Burg des Deutschordens zierte. Heute noch trägt der Berg Reben.

Von 1859 bis 1878 lebte hier der 1848er-Revolutionär, Oberamtsrichter und Dichter Wilhelm Ganzhorn, dessen Gedicht »Im schönsten Wiesengrunde« sein bekanntestes ist. Gegen Ende des Zweiten Weltkriegs wurde die Stadt stark zerstört. Einige wenige Fachwerkbauten blieben erhalten und wurden restauriert. Sehenswert sind heute die auf einer Erhebung erbaute und weithin sichtbare Stadtpfarrkirche *St. Dionysius*, das *Alte Rathaus* mit seiner Rokoko-Fassade und Reste der ehemaligen Stadtmauer. Die Sulm aus den Löwensteiner Bergen mündet nach längerer Reise von 24 Kilometern und unterirdischer Führung durch die Stadt in den Neckar.

Links: Der Altarm des Neckars bei Neckarsulm. Rechts: Der Stadt-bahnzug fährt in den Bahnhof Neckarsulm ein, dahinter der Turm des ehemaligen Deutschordensschlosses.

Von der Nähmaschine über Fahrrad und Motorrad zum PKW

Zwei Männer namens Schmidt brachten der Stadt Weltruhm: Christian Schmidt und sein Sohn Karl. Christian verlegte zusammen mit Heinrich Stoll 1880 eine Strickmaschinenfabrik von der Donau in Riedlingen an die verkehrsgünstige Lage am schiffbaren Neckar und der neuen Bahnstrecke. Hier stellte man von 1886 an Fahrräder her und ging anschließend zur Motorrad-produktion über. Aus der Firma entwickelten sich dann die bekannten *NSU-Werke* und von 1985 an die *Audi AG*. Christians Sohn Karl gründete 1910 in Heilbronn die *Deutschen Ölfeuerungswerke*, verlegte diese sieben Jahre später nach Neckarsulm und produzierte nun auch Kolben-Rohlinge für die Automobilindustrie – so entstand die Firma *Kolbenschmidt*, die heute zur Rhein-metall-Automotive AG gehört. Diese Unternehmen stellen rund 30 000 Arbeitsplätze in Neckarsulm.

Am Haltepunkt Kochendorf hält die Stadtbahn direkt vor dem Schacht des Besucherbergwerks.

Mit den weiteren Haltepunkten ⇢ **Mitte** am zentralen Zugang zum Audi Forum und ⇢ **Nord** mit direktem Übergang zum Werk, insbesondere für die Mitarbeiter, wird Neckarsulm gut erschlossen. Und wer einen neuen Audi abholen möchte, kann für die Anreise bequem die Stadtbahn nutzen.

Wir verlassen Neckarsulm, links begleiten uns noch die gigantischen Industriebauten von Audi, am linken Neckarufer liegt das zu Neckarsulm gehörende Obereisesheim, daneben das selbständig gebliebene Untereisesheim. Rechts liegt die Bundesstraße B27, dahinter sind am schmalen Steilhang streckenweise die Weinberge zu sehen.

Wir nähern uns ⇢ **Bad Friedrichshall-Kochendorf**, und am Förderturm des Salzbergwerks wird deutlich, dass wir das bedeutendste Salzgewinnungsgebiet Südwestdeutschlands bereisen. In seinem Buch »Württembergs Eisenbahnen« von 1880 schreibt der Naturforscher Oscar Fraas: »Die Bahn wird … zur reinen Salzbahn.«

An dieser Stelle müssen wir uns ein wenig mit diesem bedeutenden Rohstoff befassen.

Das »weiße Gold« –
Grundlage wirtschaftlicher Blüte

Das Heilbronner Becken ist berühmt für das *weiße Gold* – das in rund 130 bis 210 Metern Tiefe im Mittleren Muschelkalk liegende, 20 bis 45 Meter mächtige Steinsalz. Schon aus vorgeschichtlicher Zeit ist in dieser Gegend Salzgewinnung aus natürlichen Salzquellen, später durch Aussolung bekannt. Aber erst mit Beginn des 19. Jahrhunderts kommt die bergmännische Gewinnung hinzu. Die Salzproduktion erlangt seither in dieser Region allergrößte wirtschaftliche Bedeutung und bestimmt die industrielle Entwicklung von Heilbronn, Kochendorf, Jagstfeld, Offenau, Wimpfen und Rappenau. Eine Persönlichkeit darf in diesem Zusammenhang nicht unerwähnt bleiben: Friedrich von Alberti (1795–1878), erste Anstellung als Geologe in der Königlich Württembergischen Saline in Sulz am Neckar, Salineninspektor von 1818 bis 1822 in Friedrichshall. Ab 1822 suchte er in Schwenningen und Dürrheim nach Steinsalz, wurde dann Leiter der Saline in Rottweil, 1853 bis 1870 Leiter der Salinen Friedrichshall, Clemenshall in Offenau und des Friedrichshaller Bergwerks. Gestorben und beigesetzt ist er in Heilbronn. Von Alberti, der »Vater der Geologie in Baden-Württemberg« prägte in einem 1834 erschienen Buch den Begriff *Trias* für die Formation von Buntsandstein, Muschelkalk und Keuper – die Formation, die das Erscheinungsbild der Landschaft hier bestimmt.

Kochendorf ist in erster Linie bekannt durch sein Salzbergwerk. Dass es aber auch drei Schlösser besitzt, ist weniger geläufig: das einstige Wasserschloss, heute *Schloss Lehen*, das *Greckenschloss* der Ortsherren Greck und das Schloss der Herren von Saint André. In Fahrtrichtung links erhebt sich eindrucksvoll der Förderturm des Salzbergwerks der *Südwestdeutschen Salzwerke AG*. Vom Haltepunkt aus sind es zwei Minuten zu Fuß zum Werkseingang. Heute ist Kochendorf nach der Einstellung des Salzabbaus hier ausschließlich ein Besucherbergwerk. Eine Besichtigung lohnt sich!

Der Schacht *König Wilhelm II.* wurde 1899 in Betrieb genommen, der Förderkorb bringt uns in einer halben Minute in 180 Meter Tiefe. Beeindruckend sind die riesigen Kammern, die informative Präsentation, insbesondere der Kuppelsaal. In die Tiefe ausgelagerte Kunstschätze, wie der *Seyfer-Altar* aus der Heilbronner *Kilianskirche*, überdauerten erfreulicherweise den Zweiten Weltkrieg. Während des Zweiten Weltkriegs wurden Zwangsarbeiter und Häftlinge des Konzentrationslagers Kochendorf in den Schächten zur Rüstungsproduktion eingesetzt. Über 450 Häftlinge sind hier und auf dem Todesmarsch nach Dachau im März 1945 grauenvoll ums Leben gekommen. Daran erinnert in einer der Salzhallen die neu eingerichtete *Gedenkstätte Ehemaliges KZ Kochendorf*. Seit 1971 sind die beiden

Salzbergwerke in Kochendorf und Heilbronn über die *Südwestdeutsche Salzwerke AG* verbunden, unterirdisch seit 1984. Zwischenzeitlich existiert ein Netz an Stollen von mehr als 500 Kilometern Länge, das bis in die Gegend von Biberach und Kirchhausen reicht. Die riesigen Hohlräume werden heute mit den weißen *Bigbags*, die Filterstäube und andere Reststoffe enthalten, wieder verfüllt.

Wir fahren nun über den Kocher, der hier nach 182 Kilometern Lauf in den Neckar mündet, und queren den ehemaligen Salinenkanal. Zum ersten Mal wird der Blick in die Neckaraue und auf die Seite links des Flusses frei.

Die Bahn hält in ⸪ **Bad Friedrichshall** Hauptbahnhof mit den ausgedehnten Gleisanlagen, die seine Bedeutung als wichtiger Eisenbahn-Knotenpunkt belegen. Die Saline lag linker Hand, ehemalige Gebäude sind noch zu erkennen. Oscar Fraas beschreibt 1880 den Bahnhof wie folgt: »Die Station Jagstfeld (154,7 m ü. NN) aber liegt hart an der Saline Friedrichshall mit den Siedhäusern zur Linken und dem denkwürdigen Salzschacht zur Rechten. Diese Station, früher mit Baden gemeinschaftlich, enthält 2 Hauptdienstgebäude, 2 Wohnhäuser, 2 Lokomotivremisen, Wagenremisen, Güterschuppen und einen Umladeschuppen. Wer Jagstfeld nur von früher her in Erinnerung hat, kennt sich hier nicht mehr aus, so hat die Aushebung der großen Station aus dem horizontalen Muschelkalkfelsen, der 5 Meter tiefe Durchbruch zum Neckar hin und namentlich die 172 Meter lichte Weite haltende Neckarbrücke die ganze Physiognomie verändert.«

Im Zweiten Weltkrieg wurde das alte Bahnhofsgebäude zerstört, der jetzige Bau stammt aus dem Jahr 1955. Mit der Einführung der Stadtbahn wurde der Knotenpunkt, seit Jahren in den Kursbüchern als *Bad Friedrichshall-Jagstfeld* bezeichnet, in *Bad Friedrichshall Hbf.* umbenannt. Damit wurde auch im Eisenbahn-Fahrplan der schon 1933 erfolgte Zusammenschluss der Gemeinden Kochendorf und Jagstfeld zur Gemeinde und späteren Stadt Bad Friedrichshall endlich umgesetzt.

Die Geschichte der Salzgewinnung in Jagstfeld geht weiter zurück als die in Kochendorf. Auf Anordnung von König Friedrich I. von Württemberg wurde 1812 auf dem heutigen Bahnhofsareal mit einer Bohrung unter Bergrat Ludwig Friedrich Bilfinger begonnen, die 1816 erstmals in Mitteleuropa ein unversehrtes Steinsalzlager erreichte. Nun konnte durch Einleiten von Süßwasser und Auflösen des Steinsalzes Sole hochgepumpt und durch Sieden reines Salz gewonnen werden. Ein Jahr später fing man an, einen Schacht für ein Bergwerk zu bauen, der jedoch wegen technischer Schwierigkeiten aufgegeben wurde. 1820 genehmigte der Nachfolger König Wilhelm I. den Bau der Saline und benannte sie nach seinem Vater *Friedrichshall*. Der Kocher- oder Salinenkanal betrieb die Salinenpumpen, auf ihm flößte man das Brennholz für die Siedepfannen herbei. Der Versuch, auch bergmännisch das Salzgestein zu erreichen, gelang 1859 unter der Leitung

Kaiserpfalz Wimpfen, Blauer Turm.

Romanische Säulenarkaden des Palas.

von Friedrich von Alberti. Somit kann Jagstfeld als *Wiege des deutschen Salzbergbaus* bezeichnet werden. Nach 36 Jahren Bergbau brach die Grube ein und lief voll Wasser. In der entstandenen Geländemulde bildete sich der Schachtsee, heute noch zu sehen in geringer Entfernung nordöstlich vom Hauptbahnhof. Die Saline Friedrichshall war bis 1969 in Betrieb.

In *Bad Friedrichshall Hbf.* teilen sich die Streckenäste auf: Links führt die damals von der badischen Staatsbahn erbaute *westliche Gabelbahn* mit einer Brücke über den Neckar und weiter über Bad Wimpfen nach Sinsheim, *Elsenztalbahn* genannt, obwohl die Elsenz erst in Steinsfurt erreicht wird. Der nördliche Streckenast der Stadtbahn Nord führt von *Bad Friedrichshall Hbf.* über Offenau nach Mosbach-Neckarelz auf der *Neckartalbahn*. Die *östliche Gabelbahn* entlang der Jagst, heute *Frankenbahn* genannt, war vor dem Zweiten Weltkrieg und danach bis 2001 eine wichtige Magistrale für Schnellzüge, Kurswagen, Interregios zwischen Stuttgart, Hamburg und Berlin, bis am 2. Juni 1991 die Schnellfahrstrecke Stuttgart–Mannheim in Betrieb ging. Auf dieser fahren keine Stadtbahnen, hier kommen Nahverkehrszüge von Stuttgart aus zum Einsatz. Bis 1993 fuhr von hier aus auch noch die *Untere Kochertalbahn* nach Ohrnberg ab.

Wir nehmen an Gleis 3 die S-Bahnlinie S 41 oder den Regionalzug bis bzw. über Neckarelz. Ganz links fahren die Züge auf der *Elsenztalbahn* über Sinsheim und Neckargemünd nach Heidelberg, die S 42 bis Sinsheim (KBS 665.5, 710.42).

Wir fahren das Neckartal abwärts. Es geht unter der Bundesstraße 82 hindurch; die Jagst, die hier in den Neckar mündet und mit 203 Kilometern sein längster Nebenfluss ist, wird gequert.

Kurz danach zweigt ein Gleis nach rechts zur 1971 in Betrieb gegangenen Zuckerfabrik Offenau ab. Früher, als Zuckerrüben noch nicht mit dem Lastwagen angeliefert wurden, war das Gleis stark befahren. Der Blick in die Gegenrichtung geht über die Neckaraue hinüber nach Wimpfen im Tal mit dem Kloster, das über einem römischen Kastell errichtet wurde, und der Chemiefabrik dahinter. Das römische Wimpfen war eine befestigte Stadt mit einer Brücke über den Neckar, einem Flusshafen und einem Tempelbezirk – Hauptort eines eigenen römischen Verwaltungsbezirks, der *Civitas Alisinensium*.

Einmalig ist die beherrschende Lage von Bad Wimpfen auf dem Bergsporn mit der mittelalterlichen Stauferpfalz, dem Roten und dem Blauen Turm. Gustav Schwab schreibt 1837 in den »Wanderungen durch Schwaben« beim Anblick der berühmten Silhouette: »Das imposanteste Denkmal … ist der hohe und dicke

Historischer Kettendampfer mit angehängten Schleppkähnen.

Schloss Guttenberg oberhalb von Neckarmühlbach.

Thurm von rothem Sandsteine, … der dem Wandrer, der vom Thale emporgestiegen kommt, zuerst in die Augen fällt … Diese Burg, welcher den Römerthurm einverleibt und die überhaupt auf den Trümmern römischer Befestigungen aufgeführt worden zu sein scheint, diente ohne Zweifel zur Sicherung der Neckarschifffahrt; so stand sie ganz zweckmäßig auf der nordöstlichen Spitze des Hügels, und ihr Thurm gewährte einen Überblick über den ganzen Neckar … Den schönsten Überblick über die reizende Gegend gewährt der ›blaue Thurm‹, ein mittelalterlicher Bau mit neuem Aufsatz, der sich schon aus weiter Ferne als der mächtigste Thurm Wimpfens zu erkennen gibt.«

Der Tag von Wimpfen

600 Jahre vor Gustav Schwab, am 2. Juli 1235, wurde hier in der Kaiserpfalz Wimpfen Reichsgeschichte geschrieben. Kaiser Friedrich II. zog mit prunkvollem Gefolge über die Alpen, über Regensburg und Nürnberg nach Wimpfen, um dort seinen Sohn Heinrich, den gewählten deutschen König und König von Sizi-

lien, gefangen zu nehmen. Ein zeitgenössischer Chronist berichtet über die Straf-expedition des Kaisers: »Er führte mit sich Kamele, Maultiere und Dromedare, Affen und Leoparden, auch viele Sarazenen und dunkle Äthiopier, die sich auf mancherlei Künste verstanden und als Wache dienten für Geld und Schätze.« Der 24-jährige König Heinrich hatte es gewagt, eine eigene Reichspolitik gegen den Willen seines Vaters zu machen. Kaiser Friedrich setzte ihn kurzerhand ab, ob-wohl sich Heinrich vor ihm auf den Boden warf, seine Füße küsste und um Verge-bung bat. Heinrich wurde auf verschiedenen Burgen in Deutschland und Italien gefangen gehalten und starb nach einem Selbstmordversuch 1242 in Apulien.

Der nächste Halt ist ⋯⟩ **Offenau**. Hier liegen die frühesten Anfänge der Salz-gewinnung im Heilbronner Raum, denn in der Neckaraue gab es salzhaltige Quellaustritte, die bis zur Kanalisierung des Neckars bestanden. In Tongefäßen siedete der vorgeschichtliche Mensch bereits das Salz. Reste dieser Gefäße fan-den sich auf den Hochlagen westlich und nördlich von Heilbronn. Schon im 16. Jahrhundert ist ein Badebetrieb nachgewiesen, der über drei Jahrhunderte währte. 1751 beginnt die urkundlich überlieferte Geschichte der Saline, die sich zu einem großen Betrieb mit Gradierhäusern, Siedehäusern und dem Salinen-kanal entlang der Jagst entwickelte. Da der Deutschorden zeitweise eine wichtige Rolle spielte, bekam sie den Namen *Clemenshall* nach dem Hochmeister Kur-fürst Clemens August. Hier nahm die industrielle Nutzung des Salzes im Heil-bronner Gebiet ihren Anfang. Die Salzgewinnung erfolgte dabei ausschließlich durch das Sieden von Sole. 1929 wurde *Clemenshall* »kaltgelegt«, in den 1960er Jahren fast völlig demontiert und das neue Rathaus auf dem Areal erbaut. Zwei Gebäude sind noch erhalten, auch Reste des Salinenkanals im Gelände erkenn-bar. Heute spielt in Offenau statt dem Salz die Zuckerherstellung eine große wirtschaftliche Rolle.

Die Fahrt geht nah am Fluss weiter, rechts zieht sich ein Band mit Mauerwein-bergen entlang. Vor dem Hangwald links liegt das zu Bad Rappenau gehörende Heinsheim mit dem *Schloss Heinsheim* von 1727 innerhalb des Ortes, oberhalb mit der Bergkirche, einer auf das 10. Jahrhundert zurückgehenden ehemaligen Wehrkirche. Nördlich davon am Ortsende zeigt sich der markante, 50 Meter hohe Bergfried der Burgruine *Ehrenberg*, die aus dem 12. Jahrhundert stammt und die wir von der Bahn aus gut sehen können. Auch in Heinsheim wurden im 18. Jahr-hundert verschiedene Versuche unternommen, eine Saline einzurichten, die aber fehlschlugen. Unterhalb der Burg *Ehrenberg* gab es von 1825 bis 1868 einen Ne-ckarhafen, von dem aus das Rappenauer Salz verschifft wurde. Links erkennen wir die seit 1935 bestehende Staustufe mit Schleuse und Kraftwerk, weiter links Neckarmühlbach mit Schloss *Guttenberg*, seit 1449 ununterbrochen im Besitz der Familie von Gemmingen, mit einer hohen staufischen Schildmauer, *Burgmuseum* und *Greifvogelwarte*.

**Die Stadtbahn in Richtung Mosbach hält gerade in Gundelsheim, dahin-
ter Burg Horneck und die Mauerweinberge der Weinlage »Himmelreich«.**

Vor uns liegt ⁝⁝ **Gundelsheim** mit dem mächtigen *Schloss Horneck*, angeblich
das größte Schloss am Neckar nach dem von Heidelberg, am Fuß des *Michaels-
bergs* mit der berühmten Weinlage *Himmelreich*.

Die Stadt Gundelsheim verdankt ihre Bedeutung dem Deutschorden, der im
13. Jahrhundert Burg *Horneck* erhielt und für Gundelsheim 1378 das Stadtrecht
erreichte. Urkundlich wurde es vor 1250 Jahren erstmals erwähnt. *Horneck* war
Sitz der Deutschmeister, dann eines Komturs und Verwaltungszentrum für das
Neckaroberamt.

Das Schloss wurde im 18. Jahrhundert barockisiert. Heute beherbergt es das
Heimathaus der *Siebenbürger Sachsen*. Erhalten sind noch mittelalterliche Stadt-
türme und Reste der Stadtmauer. Sehenswert sind die *St.-Nikolaus-Kirche* mit
Grabmälern von Ordensrittern sowie schöne Renaissance- und Fachwerkbauten.

Vor Gundelsheim holt der Neckar im Vorfeld des Odenwalds zu einer weiten
Schlinge nach Westen aus. Die Bahn durchfährt nach einer Engstelle mit Neckar,
Bundesstraße auf der einen und steilem Mauerweinberghang auf der anderen
Seite im 765 Meter langen Böttinger Tunnel den Bergsporn. Bei der Ausfahrt ha-
ben wir sofort den Neckar wieder links neben uns, befinden uns im badischen
Landesteil und haben also württembergisches Territorium an seinem tiefsten
Punkt mit 142 m ü. NHN (Neckarspiegel) verlassen. Hier beginnt zugleich auch
der *Naturpark Neckartal-Odenwald*. Links schauen wir auf ⁝⁝ **Haßmersheim**,
das gleich auf der rechten Flussseite einen Bahnhalt besitzt mit direktem An-

schluss über einen 140 Meter langen Neckarsteg. Zuvor konnten Fahrgäste den Neckar nur mit einer Oberleitungsfähre mit Kettenzug überqueren. Der romantische Fährbetrieb, bereits 1330 urkundlich erwähnt, wurde Ende September 2014 eingestellt. Aber keine Sorge – wir werden noch eine Fähre erleben.

Haßmersheim ist eng mit der Schifffahrt verbunden, war Sitz zahlreicher Schiffer und einer eigenen Zunft. Ein Haßmersheimer war Friedrich Heuß, ein Urgroßonkel des ersten Bundespräsidenten Theodor Heuss, der 1840 als Erster mit seinem Schiff *Patriot* den Schiffsverkehr zwischen Heilbronn und Holland aufnahm. Er war in der Öffentlichkeit eine anerkannte Persönlichkeit, *Neckar-Napoleon* genannt, denn während der badischen Revolution 1848/49 war er Bürgerwehrhauptmann, musste nach der Niederwerfung der Revolution in die Schweiz fliehen und wurde zu zwei Jahren Zuchthaus verurteilt. Später wurde er badischer Landtagsabgeordneter.

Als Industriedenkmal erhalten ist ein mächtiger Bau, ein Rest des ehemaligen *Reichsschwefelwerks* aus der Zeit des Ersten Weltkriegs. Hier in der Gegend ist Gips des Mittleren Muschelkalks der wichtige Rohstoff, der in Gipsstollen abgebaut wird. Aus diesem gewann man den für die Sprengstoff- und Munitionsindustrie wichtigen Schwefel. Der Betrieb hatte von Neckarzimmern aus über eine Neckarbrücke einen eigenen Bahnanschluss. Im Zweiten Weltkrieg wurde das Areal wieder zu Rüstungszwecken genutzt, Kriegsgefangene und Fremdarbeiter mussten hier arbeiten.

Der neue Steg über den Neckar zum Haltepunkt Haßmersheim ersetzt die Fähre.

Bahnwärterhäuschen unter den Weinbergen.

Rechts steigt der Steilhang auf, stolz erhebt sich Burg *Hornberg*. Die Beschreibung von Mark Twain, der die Szenerie 1878 vom Neckarfloß aus betrachtete, ist immer noch zutreffend: »Unterhalb von Haßmersheim kamen wir an Hornberg vorbei, Götz von Berlichingens alter Burg. Sie steht auf einer steilen Anhöhe sechzig Meter über dem Fluss; sie hat hohe berankte Mauern, hinter denen Bäume hervorschauen, und einen Turm mit Spitzdach von etwa fünfundzwanzig Metern Höhe. Der stark abschüssige Hang, der von der Burg bis hart ans Wasser reicht, ist terrassiert und dicht mit Reben bewachsen. Das sieht aus, als bebaue man ein Mansardendach. Alle Steilhänge an diesem Teil des Flusses, die zur Sonne hin offen liegen, sind für den Wein da. … Der Hornberg soll untertunnelt werden, und die neue Eisenbahn wird unter der Burg hindurchführen.«

Natürlich wurde nicht der *Hornberg* untertunnelt, sondern die Schmalstelle des Umlaufbergs bei Böttingen gut drei Kilometer südlich von Burg *Hornberg*. Zu dieser Zeit dampfte noch der Neckaresel auf dem Neckar, ein Kettendampfer. 1879, ein Jahr nach Mark Twains Reise, durchfuhr die erste Dampfeisenbahn den Böttinger Tunnel.

Im Mittelalter wechselte die Burg ständig ihren Besitzer, bis sie Götz von Berlichingen, der Ritter mit der eisernen Hand, 1517 erwarb. Seine Linie nannte sich von da an *von Berlichingen zu Hornberg*. Er lebte hier bis zu seinem Tod 1562. Die von ihm auf der Burg niedergeschriebene Lebensgeschichte diente dem 22-jährigen Goethe als Vorlage für seinen Götz. Später kam die Burg an die Freiherren von Gemmingen, in deren Besitz sie heute noch ist.

Tipp: Wanderung über Burg Hornberg und Michaelsberg nach Gundelsheim

Vom S-Bahn-Halt Neckarzimmern steigen wir durch die von vielen Trockenmauern aus Muschelkalk geprägten Weinbergsteillagen hinauf in Richtung Burg. Es besteht die Möglichkeit einer Burgbesichtigung mit Besteigung des 33 Meter hohen Bergfrieds mit großartigem Ausblick ins Tal. Durch die obere Toranlage verlassen wir die Burg, halten uns rechts und wandern entlang der tief in den Muschelkalk eingeschnittenen Klinge des Steinbachs. Durch den Wald geht es hinauf auf die Hochfläche, nach Süden durch einen alten Eichen-Weidewald zum *Michaelsberg*. An seinem höchsten Punkt auf 240 m ü. NHN steht die *Michaelskirche*, eine der am frühesten (771) erwähnten Kirchen im Lande. Die Kirche kann besichtigt werden, man kann rasten und das Naturdenkmal *Steppenheide Michaelsberg* genießen (Aussichtspunkt oberhalb von Schloss *Horneck*). Durch die Trockenmauer-Weinberge mit ihren mächtigen Steinriegeln geht es steil hinab zum Bahnhof Gundelsheim.

Wer nicht gewandert ist, fährt in ⤳ **Neckarzimmern** weiter.

Rechts im Berg gibt es seit dem frühen 18. Jahrhundert einen Gipsstollen, dessen Material im *Reichsschwefelwerk Haßmersheim* verarbeitet wurde. Im Zweiten Weltkrieg verlegte man die Rüstungsproduktion in diesen Stollen. Der Neckar wurde auch hier mit Wehr und Schleuse aufgestaut. Von nun an ist das Tal weiter, die fruchtbaren Ackerböden waren schon zur Römerzeit bekannt. Der Steilhang links des Neckars ist bewaldet, hoch oben thront nahe Obrigheim Schloss *Neuburg*. Rechts vor Neckarzimmern direkt neben der Bahn liegt das Naturschutzgebiet *Auweinberge-Fuchsenloch*, eine Kulturlandschaft mit gut erhaltenen alten Weinberg-Trockenmauern, Lesesteinriegeln und Streuobstwiesen.

Die Bundesstraße B27 wird überquert und in einer Schleife geht es, nachdem wir über die Elz gefahren sind, in das Gleis 2 des Bahnhofs von ⤳ **Mosbach-Neckarelz**, seit der Verwaltungsreform ein Stadtteil von Mosbach. Zuvor war im Gelände gerade noch zu erahnen, dass früher ein direktes Gleis nach Mosbach führte. Es war das Gleis der 1862 eröffneten *Badischen Odenwaldbahn*, die Heidelberg über Mosbach und Lauda mit Würzburg verband und von Obrigheim herabführend auf einer Brücke den Neckar querte. In den letzten Kriegstagen 1945 wurde die Neckarbrücke gesprengt und diese Verbindung gekappt. Ausgedehnte Gleisanlagen mit neun Gleisen und ein modernes Empfangsgebäude in Sichtbeton beweisen heute noch die Bedeutung des Bahnknotens Neckarelz.

Von Mosbach nach Hirschhorn

DER NECKAR ERREICHT DEN ODENWALD

Deutschland im Sommer ist die Vollendung des Schönen,
aber niemand, der nicht auf einem Floß den Neckar
hinuntergefahren ist, hat die äußersten Möglichkeiten
dieser sanften und friedlichen Schönheit wirklich begriffen.
(Mark Twain)

Mark Twain hat sich auf seinem *Bummel durch Europa* in Heilbronn spontan dazu entschlossen, auf einem Floß neckarabwärts bis nach Heidelberg zu fahren, und war vor allem vom Odenwaldneckar tief beeindruckt, was er in folgenden Worten poetisch schildert: »Lautlos glitten wir zwischen den grünen, duftenden Ufern mit einem Gefühl der Wonne und Zufriedenheit dahin, das immer noch wuchs und zunahm.«

Der Streckenabschnitt von Neckarelz bis Heidelberg zählt sicher zu den schönsten im ganzen Neckartal. Vieles von dem, was Mark Twain vor fast 150 Jahren auf seiner Reise empfunden hat, kann der Bahntourist auch heute noch nachvollziehen, wenn er zwischen rotem Fels, tiefgrünen Wäldern und Fluss entlangfährt und die Burgen und Städtchen betrachtet, die freilich heute um einiges größer und wohlhabender geworden sind.

Neckarelz hat seinen Namen von der Mündung der etwa 40 Kilometer langen Elz in den Neckar erhalten. Hier treffen die Ausläufer des Odenwaldes mit dem Kraichgau zusammen.

Der Ortsteil von Mosbach hat eine bewegte Geschichte hinter sich. Römer, Alamannen und Franken lebten hier. Im Dreißigjährigen Krieg wurde der Ort mehrfach verwüstet und auch der Zweite Weltkrieg hat hier düstere Spuren hinterlassen. 1944 bis 1945 gab es in Neckarelz ein Außenlager des Konzentrationslagers Natzweiler-Struthof. Zwangsarbeiter mussten bei Obrigheim unterirdische Fabrikationsstollen für die Rüstungsindustrie einrichten, wo das Daimler-Benz-Motorenwerk unterkommen sollte, um Motoren für Bombenflugzeuge zu fertigen. Untergebracht waren die Zwangsarbeiter zunächst in der Schule von Neckarelz. In Obrigheim arbeiteten schließlich 10 000 Menschen, darunter 5 000 KZ-Häftlinge. 900 Zwangsarbeiter konnten im April 1945 befreit werden. Eine Gedenkstätte erinnert daran.

Besonders eindrucksvoll sind die Zierformen am Palm'schen Haus in Mosbach.

Neckarelz hat eine Besonderheit: das Templerhaus nahe am Neckarufer. Es geht auf eine ehemalige Johanniterburg, die Burg *Elz*, zurück, die wohl einzige in ihrer authentischen Form erhaltene Johanniterburg im Land.

ABSTECHER NACH MOSBACH

Unsere Stadtbahn macht im Bahnhof Neckarelz einen Fahrtrichtungswechsel und biegt, ohne dass man umsteigen muss, in das Elztal in Richtung Mosbach, zuvor mit Stopp am Haltepunkt ⸱⸱⸱**⟩ Mosbach West**. Nach etwa einem Kilometer fährt sie ein in den Haltepunkt der Großen Kreisstadt ⸱⸱⸱**⟩ Mosbach**, nach 58 Minuten seit der Abfahrt am Hauptbahnhof Heilbronn. Das 1862 eröffnete alte, repräsentative Bahnhofsgebäude, vor welchem von 1905 bis 1973 noch die Schmalspurbahn von Mosbach nach Mudau hielt, wurde 2002 zu Gunsten einer autobahnähnlichen Führung der Bundesstraße B27 leider abgerissen. Nahe dem Haltepunkt liegen rechts der Bahn, entlang von Elz und Elzkanal, der *Stadtgarten*, die *Bürgergärten* und der *Loretto-Park*, aus denen die Landesgartenschau

---

Der Stadtbahnzug wartet in Mosbach auf seine Abfahrt in Richtung Heilbronn.

von 1997 entwickelt wurde. Darin ist das *Solebrünnlein* zu finden, eine 1755 entdeckte Solequelle, von der man sich eine Entwicklung zur Kur- und Bäderstadt erhoffte. Die Muschelkalkhänge im Nordwesten der Stadt sind als Naturschutzgebiete *Hamberg* und *Henschelberg* geschützt. Insbesondere zur Orchideenblüte im Mai und Juni ist ein Besuch dieser Naturschutzgebiete lohnenswert.

Ein Abstecher in die Altstadt ist zu empfehlen. Die Stadt geht auf ein Benediktinerkloster im zehnten Jahrhundert zurück. Um dieses Kloster entstand eine Siedlung, die 1241 die Rechte als Reichsstadt bekam. Sie wurde im 14. Jahrhundert kurpfälzisch, zeitweise Residenzstadt, 1806 badisch. Zahlreiche alte Fachwerkhäuser in verwinkelten Gassen prägen das Stadtbild. Hervorzuheben ist das *Palm'sche Haus*, ein kunstvoller Fachwerkbau aus dem 17. Jahrhundert. Eine Besonderheit sind die *Stiftskirche* als Simultankirche und das auf den Resten der *Cäcilienpfarrkirche* erbaute Rathaus. An das Brauereiwesen erinnern das zum Kultur- und Tagungszentrum umgebaute Baudenkmal *Alte Mälzerei* und die *Villa Hübner*.

Heute bildet die Kreisstadt Mosbach mit ihren Ortsteilen ein Mittelzentrum in der Metropolregion Rhein-Neckar. Mosbach liegt im *Naturpark Neckar-Odenwald* und im *UNESCO-Geo-Naturpark Bergstraße-Odenwald*.

Wir setzen unseren Reiseabschnitt auf der *Neckartalbahn* in ⤳**Mosbach-Neckarelz** fort. Auf dieser Linie verkehrt auch die *S-Bahn RheinNeckar*, und zwar die S 1 von Osterburken bzw. die S 2 von Mosbach. Wir haben also die Wahl der Weiterfahrt mit der S-Bahn oder mit dem Regional-Express.

Kurz nach dem Bahnhof Mosbach-Neckarelz nähert sich die Bahnlinie wieder dem rechten Neckarufer. Bald schon werden die Gebäude des Kernkraftwerks Obrigheim auf der gegenüberliegenden Seite sichtbar. Von 1969 bis 2005 lieferte dieses Kraftwerk als eine der drei ältesten deutschen Atomstromanlagen Elektrizität. Bis 2020 soll die Anlage rückgebaut sein.

Der Neckar wendet sich nun ein kleines Stück nach Westen. Er hat die Ausläufer des Odenwalds erreicht und das Landschaftsbild ändert sich jetzt grundlegend. In Jahrtausenden hat der Fluss sein Bett in den weichen roten Buntsandstein eingegraben. Der Neckar begann zu mäandern, dabei sind die typischen Schlingen und Schleifen entstanden. Bis Eberbach behält er seine Hauptrichtung nach Norden bei, dann weicht er den Odenwaldfelsen nach Westen aus und fließt, abgesehen von den Flussschlingen, die sich bis Heidelberg fortsetzen, bis zu seiner Mündung hauptsächlich nach Westen.

Hinter dem ehemaligen Kernkraftwerk Obrigheim verengt sich das Tal und der Neckar dringt in den Odenwald ein.

Die Wälder entlang des Odenwaldneckars reichen auf diesem Abschnitt bis hinunter zu seinen Ufern. Für Wiesen und Ackerland ist wenig Platz. Die Menschen, die hier lebten, verdienten sich bis ins 20. Jahrhundert hinein ihren Lebensunterhalt vor allem durch die Holzwirtschaft, die Flößerei, den Abbau des roten Sandsteins, aus dem die großen Kirchen, Schlösser und Burgen der Gegend gebaut sind, und durch die Schifffahrt.

Um ein gutes Stück abzukürzen, schneidet die Bahnlinie die Neckarschleife, an deren Gleithang das Dorf ⇢ **Binau** liegt, und durchquert den Buntsandstein der *Binauer Höhe* in einem 853 Meter langen Tunnel. Es ist der erste einer ganzen Reihe von Tunnels bis Heidelberg. Kurz vor Neckargerach erreicht die Bahn den Neckar wieder. Vom gegenüberliegenden Steilhang grüßt die sagenumwobene *Minneburg*, das Wahrzeichen von Neckargerach. Die Außenwände des Palas dieser einst großen Burganlage aus der Stauferzeit sind noch gut erhalten und können ganzjährig besichtigt werden.

⇢ **Neckargerach** entstand aus einer Ansiedlung von Fischern und Schiffsleuten, die ihren Ort *Geraha* nannten, was mittelhochdeutsch *sprudelndes Gewässer* bedeutete. Die Flussgefälle wurden erst im 20. Jahrhundert durch Schleusen reguliert. Südlich des Ortes kann die *Margarethenschlucht* mit dem höchsten Wasserfall im Odenwald begangen werden. Der wildromantische Felsensteig durch das Naturschutzgebiet ist mit Seilen gesichert.

Schleusen, wie die bei Rockenau, gleichen das Gefälle aus.

Rot leuchten die Buntsandsteinquader des vollständig erhaltenen Schlosses Zwingenberg aus dem Steilhang des Odenwalds.

Wandertipp: Burgruine Minneburg

Vom Bahnhof in Neckargerach führt die *Friedhofstraße* zum Neckar hinunter, den wir auf der Straßenbrücke zum Ortsteil Guttenbach überqueren. Gleich am Ende der Brücke zweigt der Wanderweg zur *Minneburg* ab. Er führt zunächst durch Wiesengelände zum Waldrand und weiter zur *Minneburg*.

Der Sage nach ist die Burg nach Minna von Horneck benannt. Sie sollte mit dem Grafen von Schwarzenberg vermählt werden, während sich ihr Liebster, Ritter Edelmut von Ehrenberg, auf einem Kreuzzug im Heiligen Land befand. Minna floh in den Odenwald bei Neckargerach und wartete in einer Höhle auf die Rückkehr des Ritters. Der kehrte tatsächlich wieder, doch seine Minna lag im Sterben. An ihrem Totenbett gelobte er, zum Gedenken an ihre große Liebe an dieser Stelle die *Minneburg* zu bauen.

Der Aufstieg zur *Minneburg* wird mit einem schönen Blick auf Neckargerach belohnt. Für die Wanderung sollte man eine gute Stunde einplanen.

Von Neckargerach bis Eberbach bleibt die Neckartalbahn weiterhin an der rechten Uferseite. Nach wenigen Minuten hat der Zug das Dorf ⋯⫶ **Zwingenberg** erreicht, das sich zwischen den Neckar und den Steilhang des *Mittelberges* schmiegt. Das gleichnamige Schloss liegt einen Kilometer neckarabwärts.

Bergfried und Schildmauer stammen noch aus dem Hochmittelalter. Seit dem 15. Jahrhundert wurde das Schloss mehrfach umgebaut. Der Ort hat seinen

Namen von der *Zwinge*, der Engstelle von Fels und Fluss, welche die Herren von Zwingenberg einst nutzten, um die Handelsschiffe anzuhalten und Zölle zu kassieren. 1808 erwarb der badische Großherzog das Schloss, das sich bis heute im Familienbesitz der Markgrafen von Baden befindet. Derzeit wird es von Prinz Ludwig von Baden und seiner Familie bewohnt. Von Mai bis September finden hier die Schlossfestspiele statt. Auf dem Programm steht immer wieder die Oper *Der Freischütz* von Carl Maria von Weber, der in der nahen *Wolfsschlucht* zu seinem Werk inspiriert worden sein soll. In der *Wolfsschlucht* wurde angeblich im Jahre 1866 der letzte Wolf geschossen.

Dem Ort Zwingenberg gegenüber gibt es auch eine *Wolfsschlucht*, die aber nicht zugänglich ist. Sie liegt im Naturschutzgebiet *Zwerrenberg*. Eine Reiherkolonie, die dort brütet, war der Anlass für die Ausweisung dieses Steilhangs als Naturschutzgebiet. Der Prallhang *Zwerrenberg* ist Teil eines Durchbruchtals und vor ca. fünf Millionen Jahren entstanden, als sich der Neckar in den mittleren Buntsandstein eingegraben hat. Vom rechten Ufer aus kann man die Graureiherkolonie beobachten, ohne sie zu stören.

Wandertipp: Wolfsschlucht

Hinter dem Bahnhof Zwingenberg folgen wir der Ausschilderung *Odenwald-Madonnen-Weg* zum Schloss. Hat man die eindrucksvolle Festungsmauer erreicht, zweigt der Wanderweg zur Schlucht ab. Ein Schild weist auf *alpine Gefahren* hin und tatsächlich sollte man die Wanderung nur bei trockenem Wetter machen, denn es geht buchstäblich über Stock und Stein, zwischen Felsen hindurch, an kleinen Wasserfällen vorbei, über schmale Steinbrücken. Nach etwa eineinhalb Kilometern hat man die Schlucht passiert, der Weg zurück zum Schloss verläuft parallel zur Schlucht. Der Rundweg ist drei Kilometer lang. Auf demselben Weg gelangen wir wieder zurück zum Haltepunkt der Bahn in Zwingenberg. Für die gesamte Wanderung sollte man eineinhalb Stunden einplanen. *Wolfsschlucht* wie auch *Margarethenschlucht* sind tief in den Buntsandstein eingeschnittene Klingen, die vor etwa drei Millionen Jahren vor allem während der Eiszeiten entstanden sind.

Bei ⋯⋙ **Lindach**, gleich hinter Zwingenberg, führt der Neckar in einem Bogen um den 470 Meter hohen *Matzenberg* herum, fließt an der Ruine *Stolzeneck* vorbei und passiert kurz vor Rockenau die große Schleusenanlage. Alles ist gut von der Bahn aus zu betrachten. Gegenüber von Neckarwimmersbach, nachdem es durch den 569 Meter langen *Scheuerbergtunnel* ging, zieht sich die Bahnlinie in den Ortskern von ⋯⋙ **Eberbach** hinein und fährt direkt an der katholischen Pfarrkirche *Sankt Johannes Nepomuk* mit ihrer eindrucksvollen Fassade aus rotem Buntsandstein vorbei.

EBERBACH – HISTORISCHE STAUFERSTADT AM FUSSE DES KATZENBUCKELS

Das Städtchen an der romantischen *Burgenstraße* und im *Naturpark Ne-ckartal-Odenwald* liegt an der Einmündung der Itter in den Neckar in einem erweiterten Talkessel, der durch mehrere Umlaufberge geprägt ist. Seine Stadtgrenzen stoßen an die Bundesländer Hessen und Bayern.

Überragt wurde das Städtchen von der gleichnamigen Anlage, der staufischen *Reichsburg*, die bereits zu Beginn des 15. Jahrhundert geschleift wurde. Einst

Links: Eberbach, Sankt Johannes Nepomuk. Die katholische Pfarrkirche mit ihrer eindrucksvollen Fassade wurde in den 80er Jahren des 19. Jahrhunderts im Stil der italienischen Renaissance aus rotem Odenwald-Buntsandstein errichtet. Rechts: Eberbach, Altstadtszenerie. Im Hintergrund der Haspelturm, einst ein Gefängnis. Das Verlies im Erdgeschoss war nur durch ein »Angstloch« über das Obergeschoss zu erreichen, durch welches die Gefangenen mittels einer Haspel (Seilwinde) mit Wasser und Brot versorgt wurden. Heute befindet sich im Turm ein Zinnfigurenkabinett.

Hirschhorn, Stadtmauer am Neckarufer.

waren es drei Burgen, die in die weitläufige Anlage einbezogen wurden (Vorderburg, Mittelburg und Hinterburg). Sie erhoben sich hoch über dem Ittertal auf einem Ausläufer des *Katzenbuckels*, ein erloschener Vulkan, mit 626 m ü. NHN die höchste Erhebung des Odenwalds.

Heute liegen die Ruinen etwas versteckt im Wald. Sehenswert sind die Fensterarkaden in der Außenmauer des Palas aus staufischer Zeit, die an die Bogenfenster der Kaiserpfalz Wimpfen erinnern. Vom Bahnhof aus ist die Burg auf einem beschilderten Weg in 45 Minuten gut zu erwandern.

Eberbach hat seinen historischen Ortskern mit der alten Stadtmauer, den Fachwerkhäusern und den herrschaftlichen Palais bewahren können. Die vier Stadttürme, der *Rosenturm*, der *Mantel-* oder *Pulverturm*, der *Haspelturm* und der *Blaue Hut,* sicherten einst die viereckige Stadtbefestigung.

Eine besondere Erinnerung pflegt Eberbach an das englische Königshaus, genauer gesagt an die Königin des Vereinigten Königreiches Großbritannien und Irland und Kaiserin von Indien. Eine findige Konditorei im *Victoria House* hat folgende Überlieferung aus der Eberbacher Ortsgeschichte aufgegriffen: Queen Victoria soll nämlich nicht, wie die offizielle Geschichtsschreibung behauptet, in London, sondern auf einem Schiff auf dem Neckar vor Eberbach geboren worden sein, das zu englischem Boden erklärt wurde, damit sie als *in England geboren* gelten und in die Reihe der Thronanwärterinnen aufgenommen werden konnte. Und das sei so gekommen: Ihr Vater, Edward von Kent, Angehöriger des englischen Königshauses, damals das Haus Hannover aus der jüngeren Welfen-Linie, lebte mit seiner Frau, einer Fürstin von Leiningen, im *Thalheimischen Palais* in Eberbach. Als die Thronfolge spruchreif wurde und seine Frau kurz vor der Niederkunft stand, machte sich das Paar eilig in einem eigens dafür gecharterten Boot auf die Reise nach England. Doch die kleine Victoria hätte es noch eiliger gehabt und nicht bis London warten wollen, überliefert die Ortsgeschichte.

Tatsächlich gibt es um ihre Geburt einige Ungereimtheiten, welche die Eberbacher Variante untermauern. Zunächst einmal wurde die angeblich spätere Geburt im Londoner Kensington Palace von der Öffentlichkeit kaum wahrgenommen. Die Eltern schienen also darauf auch keinen besonderen Wert gelegt zu haben. Nun stand Victoria in der Rangfolge der Thronerben nicht in vorderster Reihe, aber sie war immerhin die Tochter von Prince Edward, Duke of Kent and Strathearn, einem Bruder König Georgs IV., dessen einzige Tochter gerade gestorben war. Für damalige Verhältnisse ungewöhnlich wurde außerdem keine englische Hofdame, sondern eine Deutsche, Charlotte von Sieburg, als Geburtshelferin angegeben, es wurde auch keine englische Amme eingestellt und erst einen Monat später wurde Victoria getauft. Wollte man die frühere Geburt auf dem Neckar vor Eberbach vertuschen?

Naturpark Neckartal-Odenwald

In Eberbach im *Thalheim'schen Haus* in der *Kellereistraße* 36, dem schönsten und ältesten Steingebäude der Stadt, ist das Informationszentrum des *Naturparks Neckartal-Odenwald* untergebracht. Anschaulich informiert es auf 280 Quadratmetern Ausstellungsfläche über den 152 000 Hektar großen Naturpark, der Anteil an den Naturräumen Bergstraße, Odenwald, kleiner Odenwald, Kraichgau, Bauland und Neckartal hat. Ausgedehnte Waldgebiete wechseln sich hier mit Wiesen, Weiden, Feldern und Weinbergen ab. Er umschließt zahlreiche Natur- und Landschaftsschutzgebiete, europaweit geschützte Landschaftsteile und Naturdenkmale.

Eberbach lebte jahrhundertelang vom Wald und vom Fluss. Der Holzhandel und die Fischerei bildeten die wichtigsten Wirtschaftszweige. Im 19. Jahrhundert war Eberbach Zentrum des Schiffsbaus am Neckar und es gab fünf Werften am Ort. Heute bietet die *Eberbacher Personenschifffahrt* von Mai bis September Ausflugsfahrten bis Heidelberg an. Mitte des 19. Jahrhunderts war die Schifffahrtslinie von Heilbronn über Eberbach nach Mannheim die schnellste Verbindung vom Württembergischen in den Rhein-Neckar-Raum. In Heilbronn stiegen Reisende aus Stuttgart auf die Neckardampfschiffe um, die sie nach Heidelberg brachten, wo sie wieder Anschluss an die Eisenbahn hatten. Mit dem Dampfschiff ging es auch zurück nach Heilbronn, wobei meist in Eberbach über Nacht Station gemacht wurde. Mit dem Ausbau der *Neckar-Odenwaldbahn* und der *Neckartalbahn* ging diese Epoche dann rasch zu Ende und der Neckar wurde frei für Lastkähne und Ausflugsdampfer.

Nach dem Bahnhof Eberbach zweigt nach rechts die *Odenwaldbahn* in Richtung Michelstadt ab. Von dort fährt die Regionalbahn weiter bis Darmstadt. Wir bleiben auf der Trassenführung der *Neckartalbahn* und überqueren das Flüsschen Itter. Nach drei Kilometern ist unterhalb von Igelsbach die hessische Grenze erreicht, die sich auf dem Neckar bis kurz vor Neckargemünd entlangzieht. Im Norden grenzt das Bundesland Hessen an den Neckar, im Süden Baden-Württemberg. Eine Ausnahme macht Ersheim, ein Stadtteil von Hirschhorn, das südlich des Neckars liegt und trotzdem hessisch ist.

Die Bahn hält sich zunächst am rechten Neckarufer, passiert das gegenüberliegende Dorf Pleutersbach und schneidet die Neckarschleife vor Hirschhorn, indem sie den 341 Meter hohen *Feuerberg* in einem 966 Meter langen Tunnel durchquert. Auf der linken Uferseite liegt das Naturschutzgebiet *Neckarufer Seitelsgrund-Moosklinge*, das auf dem Neckartalradweg von Ersheim aus zu erreichen ist. In den Ausbuchtungen am Ufer kann der Wanderer gelbe Teichrosen entdecken und Graureiher, Eisvogel und Kormoran auf der Jagd nach Fischen beobachten.

Die Bahnstrecke umfährt am rechten Ufer in einer zweiten Neckarschleife Hirschhorn-Ersheim und taucht wieder in einen Tunnel ein, den 341 Meter langen *Schlossbergtunnel*, bevor sie den S-Bahn-Haltepunkt ···⫣ **Hirschhorn** erreicht. Auf dem gegenüberliegenden Ufer erkennt man die letzten Häuser von Ersheim. Ersheim ist der älteste Teil von Hirschhorn, auch wenn man das heute kaum noch sieht, denn der Ort ist geprägt durch moderne Wohnbauten. Sehenswert ist aber das alte Dorfkirchlein aus rotem Sandstein mit spätgotischem Choranbau. Es wurde bereits in der Mitte des 14. Jahrhunderts erwähnt. Im 16. Jahrhundert löste sich das alte Dorf allmählich auf. Seine Bewohner zogen sich hinter die sicheren Mauern von Hirschhorn zurück. Erstmals erwähnt wird das Dorf im Codex des Klosters Lorsch für das Jahr 773. Damit zählt Ersheim zu den ältesten Siedlungen im Neckartal.

Um 1200 errichteten die Herren von Hirschhorn hier ihre Burg, knapp 200 Jahre später erhielt Hirschhorn Stadtrechte und in dieser Zeit stifteten die Ortsherren das Karmeliterkloster mit der Klosterkirche *Mariae Verkündigung*, die bis heute das Ortsbild prägt. Mit der Erhebung zur Stadt entstand auch die Stadtmauer, auf der einige Altstadthäuser aufsitzen, um der Enge des Städtchens zu entgehen. Sie bieten ihnen auch Hochwasserschutz, denn die Fluten, die der Neckar nach langen Regenperioden über seine Ufer spült, sind nach wie vor ein besonderes Problem

Hirschhorn, Klosterkirche Mariae Verkündigung.

für den Ort. Auch heute steht die Bundesstraße nach Heidelberg immer wieder unter Wasser.

Vom Neckar aus bietet sich ein prachtvolles Panorama auf die Altstadt von Hirschhorn, die von der Klosterkirche, der Burg und dem Schloss überragt wird. Zu Recht nennt sich die Stadt *Perle des Neckartales*. Eine Unterbrechung der Fahrt und ein Bummel durch die Altstadt mit ihren verwunschenen Winkeln hinauf zur spätgotischen Karmeliter-Klosterkirche, von wo sich ein schöner Blick über die Dächer der Altstadt eröffnet, lohnt sich in jedem Fall.

Seit 2009 leben wieder einige Karmeliter hier oben. In der Kirche befindet sich ein schöner Hochaltar und an der Wand des Langschiffs eine überlebensgroße Darstellung des Hl. Christopherus. Wer möchte, kann den Bergpfad weiter hinauf zur Burg steigen. Der Rückweg bietet eine wunderschöne Aussicht auf Hirschhorn und den Neckar.

Mark Twain bevorzugte die Ansicht von Westen: »Hirschhorn sieht man sich am besten aus einiger Entfernung an. Dann fügen sich die braunen Türme auf der grünen Bergkuppe und die alte zinnenbewehrte Mauer, die sich zum grasbestandenen Kamm hinaufzieht und in dem Laubmeer dahinter verschwindet, zu einem Bild zusammen, dessen Anmut und Schönheit das Auge vollkommen erfreuen.« Künstler aus verschiedenen Jahrhunderten haben dieses Motiv in Gemälden und Stichen gestaltet.

Altstadtwinkel in Hirschhorn.

Im Gegensatz zu diesem idyllischen Bild schildert Mark Twain auch die bittere Armut vieler Menschen, die in der Altstadt hausten: »Von der Kirche stiegen wir über steile Steintreppen ab, die sich durch enge Gassen zwischen den vollgestopften und schmutzigen Häusern des Städtchens hierhin und dorthin wanden.« Überall fielen ihm Menschen auf, »die ihre Mütze oder die Hand ausstreckten und zum Erbarmen bettelten«.

Wer heute durch die Altstadtwinkel mit den schön herausgeputzten Fachwerkfassaden spaziert, kann sich kaum vorstellen, unter welchen Bedingungen viele Hirschhorner vor 150 Jahren hier gelebt haben.

Als Mark Twain im Jahre 1878 seine Floßreise auf dem Neckar unternahm, wurde er Zeuge eines Jahrhundertwerks: »In dieser Gegend sprengten mehrere Trupps italienischer Arbeiter die Vorderfront der Berge weg, um Platz für die neue Eisenbahn zu schaffen. Die Leute arbeiteten fünfzehn oder vielleicht auch dreißig Meter über dem Fluss. Als wir um eine scharfe Kurve bogen, begannen sie mit den Armen zu fuchteln und gaben uns mit lauten Warnschreien den Rat, auf die Explosionen achtzugeben. Nett von ihnen, dass sie uns warnten, aber was sollten wir machen? Man kann mit einem Floß nicht flussaufwärts zurückschwimmen!«

Mark Twain nahm es mit Humor: »Wir kamen davon und ich habe es nie bereut. Die letzte Detonation dauerte besonders lange und nachdem die feineren Trümmer sich um uns her ausgeregnet hatten und wir uns eben händeschüttelnd zu unserer Errettung beglückwünschen wollten, ging ein verspäteter größerer Stein inmitten unserer kleinen Wanderschar nieder. Sonst richtete er keinen Schaden an, nichtsdestoweniger flüchteten wir uns ins Wasser.«

Bereits 1862 war der Streckenabschnitt Heidelberg-Neckargemünd als Teil der *Badischen Odenwaldbahn* entstanden. Dort verließ sie den Neckar und führte über Neckarbischofsheim und Aglasterhausen nach Neckarelz. Erst nach der Gründung des Deutschen Reiches 1871 wagte man sich an das grenzüberschreitende Projekt, die beiden hessischen Orte Neckarsteinach und Hirschorn in die Fortführung der *Neckartalbahn* einzubeziehen. Am 24. Mai 1879 konnte die Neckartalstrecke Neckargemünd–Neckarsteinach–Eberbach–Neckarelz eingeweiht werden.

Mark Twain schildert in seinem Reisebericht, dass bereits ein Jahr zuvor die Bahnhöfe schon fertig in der Landschaft standen: »Überall am Fluss entlang sahen wir in der Nähe eines Dorfes kleine Bahnhöfe für die zukünftige Eisenbahn. Sie waren bereits fertig und warteten nur noch auf die Schienen und auf den Verkehr. Sie sahen so schmuck und niedlich und hübsch aus, wie man sie sich nur immer wünschen konnte. Sie wurden schon jetzt von Reben und Blumen umrankt, und um sie her war das Gras frisch und grün und man sah, dass es liebevoll gepflegt wurde.«

Während des Zweiten Weltkriegs kamen 400 Evakuierte aus dem Sudetenland nach Hirschhorn, danach noch einmal über 400 Flüchtlinge, die in den Nachkriegsjahren im Stadtteil Ersheim in neu erbauten Wohnungen untergebracht wurden.

Aus dem 20. Jahrhundert stammt eines der markantesten Bauwerke, die Staustufe Hirschhorn mit Schleuse und Brücke über den Neckar. Sie wurde von dem Stuttgarter Architekten Paul Bonatz entworfen und zwischen 1928 und 1933 gebaut, 1959 erweitert. Seit 1960 ist das Städtchen im *Geo-Naturpark Bergstraße-Odenwald* staatlich anerkannter Luftkurort.

Blick über die Dächer der Altstadt von Hirschhorn ins Neckartal.

Wandertipp:
Auf dem Neckarsteig von Eberbach nach Hirschhorn

Vom Bahnhof in Eberbach gehen wir durch die Altstadt zu den schön gestalteten Neckaranlagen. Wir halten uns links und überqueren am Ortsrand das Flüsschen Itter und die Bahnlinie, bevor der Weg den Wald erreicht. Wir folgen dem Forstweg. Nach 800 Metern verweist uns die Beschilderung des *Neckarsteigs* nach links. Der Weg führt wieder leicht abwärts parallel zu Bahnlinie und Straße mit schönem Blick auf den Neckar. Kurz hinter der *Gammelsbacher Straße* biegt der Weg nordwestlich in Richtung *Böser Berg* ab. Wir steigen durch die Talaue *Gretengrund* hinauf zum *Waldklassenzimmer* mit Tischen und Bänken. Der *Neckarsteig* führt weiter durch Wald und Feld oberhalb der Ortschaft Igelsbach, die zum Teil zu Hessen (Hessisch Igelsbach) und zu Baden-Württemberg (Badisch Igelsbach) gehört. Nach eineinhalb Stunden erreichen wir den *Steinernen Tisch* und kurz darauf die *Hoppelhütte*. Nun führt uns der Weg hinunter zur Burg Hirschhorn und über das Karmeliterkloster in die Altstadt und zum Bahnhaltepunkt Hirschhorn. Der Weg ist gut beschildert mit dem blauen N, dem Zeichen des *Neckarsteigs*.

Von Hirschhorn nach Neckargemünd

NECKARHAUSEN UND DEN DEN NECKARHÄUSER HOF VERBINDET EINE DER LETZTEN NECKARFÄHREN

Komm nach Haus zum grünen Neckar!
(Joseph Victor von Scheffel)

Nach Hirschhorn ist ···⊹ **Neckarhausen** der nächste Haltepunkt der *S-Bahn RheinNeckar*. Es gibt gleich mehrere Orte dieses Namens. Der eine liegt am Oberlauf des Neckars bei Horb, dann gibt es einen Stadtteil von Nürtingen mit diesem Namen, einen Ort in der Nähe von Ladenburg und das kleine Dorf Neckarhausen kurz hinter Hirschhorn, das nach Neckarsteinach eingemeindet ist.

Die Mittelburg in Neckarsteinach erinnert in ihrer Bauweise an ein englisches Castle. Sie wurde im 16. Jahrhundert im Renaissance-Stil umgebaut und im 19. Jahrhundert mit neogotischen Elementen versehen.

Eine kleine Schlucht über dem *Michelbucher Wald* und der Korbelsbach haben auf 400 Metern Breite und rund eineinhalb Kilometern Länge ein flacher geneigtes Ufergelände geformt, wo im Hochmittelalter das Dorf *Husen* entstanden ist. Heute leben in dem kleinen Ortsteil von Neckarsteinach noch etwa 200 Einwohner.

Eine der wenigen Neckarfähren, die es heute noch gibt, verbindet den Ort mit dem *Neckarhäuser Hof* auf dem gegenüberliegenden Ufer, wo einst der pfälzische Kurfürst Karl Theodor grausame Treibjagden veranstalten ließ. Das Wild wurde durch eine eingezäunte Waldschneise in den Fluss getrieben, wo es von der fürstlichen Jagdgesellschaft bereits erwartet wurde. Vom Boot aus erlegten die »edlen« Herren die Hirsche und Rehe ganz bequem, ohne sich die feine Kleidung schmutzig zu machen. Auf einer Miniatur, die im *Kurpfälzischen Museum* in Heidelberg gezeigt wird, ist eine solche Treibjagd abgebildet.

NECKARSTEINACH – DIE VIERBURGENSTADT AN NECKAR UND STEINACH

Wenn die Bahn den Neckarbogen etwa drei Kilometer hinter Neckarhausen umfahren hat, rückt die *Vierburgenstadt* ⋯⁞ **Neckarsteinach** ins Blickfeld mit den Burgen *Schadeck* (genannt: Schwalbennest), *Hinterburg*, *Mittel-* und *Vorderburg*. Alle vier Burgen sind von den Rittern von Steinach im 12. und 13. Jahrhundert errichtet worden.

Auf der *Hinterburg* lebte im 12. Jahrhundert der Minnesänger Bligger II. von Steinach, der in Verbindung gebracht wird mit der Entstehung des Nibelungenlieds. In der *Heidelberger Liederhandschrift (Codex Manesse)* aus dem frühen 14. Jahrhundert, welche die bedeutendsten Minnesänger mit Buchmalereien und ihren dichterischen Werken vorstellt, ist ihm ein eigener Abschnitt gewidmet. An ihn wird im *Nibelungengarten* erinnert mit Sandsteinskulpturen der Helden des mittelalterlichen Nationalepos. Das Wappen des Minnesängers, eine Harfe, wurde in das Stadtwappen von Neckarsteinach übernommen.

Neckarsteinach gehört wie Hirschhorn zu Hessen, orientiert sich aber eher in den Rhein-Neckar-Raum. Vor einigen Jahren startete die Stadt sogar eine Initiative, den Landkreis und das Bundesland zu wechseln und baden-württembergisch werden zu dürfen. Der Ort ist im Mittelalter an der Mündung der Steinach in den Neckar entstanden, einem 22 Kilometer langen Flusslauf, der kurz vor Neckarsteinach einen tiefen Graben in die Odenwaldberge gezogen und zum Neckar hin eine Terrasse gebildet hat.

Die Steinach trieb in Neckarsteinach fünf Mühlen an, in denen unter anderem aus Baumrinde, die bei der Forstwirtschaft massenhaft anfiel, Gerberlohe für das Gerberhandwerk am Ort hergestellt wurde. Die Steinach war einer der wich-

Links: Blick auf die Herz-Jesu-Kirche in Neckarsteinach. Rechts: Hochwassermarken: fast 500 Jahre dokumentierte Flussgeschichte.

tigsten Floßbäche am unteren Neckar. Baumstämme aus dem Odenwald wurden flussabwärts bis zur Einmündung in den Neckar getriftet, von wo sie dann, zu Flößen gebunden, zum Floßhafen in Mannheim transportiert wurden.

Eine Straße führt flussaufwärts nach Schönau. Von 1928 bis 1969 im Personenverkehr, bis 1981 im Güterverkehr, verband eine nur fünf Kilometer lange Stichbahn (*Steinachtalbahn*) die benachbarten Orte Neckarsteinach und Schönau. Sie war nicht mehr rentabel, als ihr Hauptkunde, ein Schönauer Industriebetrieb, aufgeben musste. Seit 2008 ist auf der ehemaligen Bahntrasse ein dreieinhalb Kilometer langer Radweg eingerichtet. In Schönau erinnern noch die Bahnhofstraße und das ehemalige Bahnhofsgebäude an die Zeit der *Steinachtalbahn*.

Die Neckarsteinacher lebten bis ins letzte Jahrhundert vor allem von der Holzwirtschaft, der Flößerei, der Fischerei, der Schifffahrt und dem Gerberhandwerk. Nach der Aufhebung des Ediktes von Nantes, was in Frankreich erneut zum Verbot des protestantischen Glaubens führte, ließen sich in Neckarsteinach vertriebene Hugenotten nieder, die der pfälzische Kurfürst gnädig aufgenommen hatte, und belebten den während des Dreißigjährigen Krieges fast ausgestorbenen Ort wieder. Viele von ihnen waren Gerber und brachten ihr handwerkliches Wissen mit.

Die Zeiten der Flößerei und der Gerberei in Neckarsteinach gehören längst der Vergangenheit an. Heute bildet der Tourismus den wichtigsten Wirtschaftszweig. Das Städtchen wirbt mit seinen vier Burgen, die mit einem Wanderweg (*Vierburgenweg*) verbunden sind, mit einer fünf Kilometer langen befestigten

Uferpromenade und einem Informationszentrum für den *Geo-Naturpark Bergstraße-Odenwald*, in dem auch ein Museum für den großen Dichter der Romantik, Joseph von Eichendorff, untergebracht ist.

Eichendorffmuseum Neckarsteinach

»… und nur die Wälder rauschten noch über uns, und unter uns der Neckar.«
Eichendorff berichtet in seinen Tagebuchaufzeichnungen aus der Zeit seines Studiums in Heidelberg begeistert von Neckarsteinach und seinen Wanderungen zu den vier Burgen. Eichendorff gilt als wichtiger Vertreter der Heidelberger Romantik. Im Museum werden Dokumente zu seinem Leben und Werk gezeigt, unter anderem auch eine Reproduktion des handschriftlichen Manuskripts eines seiner bekanntesten Gedichte, »Schläft ein Lied in allen Dingen«.

Vom Bahnhof Neckarsteinach hat man in wenigen Minuten die Schiffsanlegestellen in der Altstadt erreicht, wo die Ausflugsboote nach Heidelberg und Eberbach ablegen und die Uferpromenade beginnt. Auf Schritt und Tritt stößt man auf Zeugnisse der Stadtgeschichte, so auch in der *Hirschgasse*, wo sich ein historisches Synagogengebäude erhalten hat. Seit dem Ende des 15. Jahrhunderts ist eine jüdische Gemeinde in Neckarsteinach belegt. Die vollständig erhaltene Synagoge aus dem Jahre 1806 bezeugt den Wohlstand der einstigen jüdischen Gemeinde. Das Gebäude entging der Zerstörung in den Novemberpogromen 1938. Ein Jahr später wanderten die letzten Neckarsteinacher Juden aus.
Zwischen Heilbronn, Heidelberg, Mannheim, Mainz und Frankfurt verkehrten seit dem 18. Jahrhundert regelmäßig Marktschiffe, die vor allem Waren, aber auch Personen beförderten. Für kurze Zeit erlebte die Neckarschifffahrt in der Mitte des 19. Jahrhunderts einen Aufschwung, als die württembergische Eisenbahn ihren Endpunkt in Heilbronn hatte und die badische in Heidelberg.

An die einstige Treidelschifffahrt auf dem Neckar erinnert der *Treidelbrunnen* in der Altstadt, nicht weit von der Schiffslände entfernt. Flussaufwärts zogen Pferde und Maultiere die Lastschiffe. Eine lange Leine führte vom Mast des Schiffes hinüber zum Ufer, wo auf den Treidelpfaden die Zugtiere angespannt waren, die regelmäßig gewechselt werden mussten. Die Fahrt von Mannheim nach Heilbronn dauerte flussaufwärts fünfeinhalb Tage. Zwischen 35 und 40 Schiffe waren täglich zwischen Mannheim und Heilbronn auf Fahrt. Ebenso viele, aber nicht alle beladen, fuhren erheblich schneller flussabwärts.
Mark Twain hat bei seiner Floßfahrt auf dem Neckar seine Eindrücke der Treidelschifffahrt festgehalten: »Wir begegneten vielen Lastkähnen auf ihrem Weg flussaufwärts. Ein Drahtseil führte von der Vormarsstange zu der hundert Meter voraus auf dem Treidelpfad einherstapfenden Maultierkette und mit gründlichem

Links: Ruine Schadeck über Neckarsteinach, genannt »Schwalbennest«. Rechts: Die Neckarsteinacher Alte Synagoge in der Hirschgasse aus dem Jahre 1806.

Schlagen, Fluchen und Stoßen gelang es dem Trupp der Treiber, drei bis vier Kilometer in der Stunde gegen die steile Strömung aus den Maultieren herauszuholen.«

Die Treidelschifffahrt wurde in der zweiten Hälfte des 19. Jahrhunderts von der Kettenschifffahrt abgelöst. Auf dem Grund des Flusses war eine Kette verlegt, an der sich die Kettendampfer, Neckaresel genannt, mit ihren angehängten Schleppkähnen entlangzogen. Der ehemalige Mississippi-Schiffsmann Mark Twain beschreibt auch die eben eingeführte Kettenschifffahrt auf dem Neckar. Seine Begegnung mit einem Kettendampfer schildert er so: »Nun kam er herangepflügt unter allerlei Lärm, den er hin und wieder durch Betätigung einer heiseren Dampfpfeife noch verschlimmerte. Neun Schleppkähne waren an ihn gehängt und folgten ihm in langer, schlanker Reihe … Als er knirschend und ächzend an uns vorbeifuhr, entdeckten wir das Geheimnis seines Antriebs. Er bewegte sich nicht mit Schaufelrädern oder Schrauben fort, sondern zog sich an einer dicken Kette flussaufwärts. Diese Kette liegt im Flussbett und ist nur an den beiden Enden befestigt. Sie ist über hundert Kilometer lang. Sie kommt über den Bug des Bootes an Bord, läuft um eine Trommel und wird achtern ausgesteckt. Das Dampfboot zieht an der Kette und schleppt sich so den Fluss hinauf und hinunter.«

Neckarsteinach, Schiffsanlege vor der Burg Schadeck (links) und der Hinterburg (rechts).

Mit fortschreitender Kanalisierung und dem Ausbau der Staustufen ging vor dem Zweiten Weltkrieg auch die Kettenschifffahrt zu Ende. Seitdem befahren mit Diesel angetriebene Motorschiffe den Neckar.

Wandertipp: Vier-Burgen-Rundweg

Vom Bahnhof in Neckarsteinach erreichen wir über den *Werftweg* die Altstadt und die Schiffslände am Neckar, wo wir auf das Infozentrum des *Geo-Naturparks Bergstraße-Odenwald* stoßen. Dort finden wir eine große Tafel mit einer Karte zum Verlauf des Vier-Burgen-Rundwegs, der hier startet. Über die Uferpromenade geht es zum *Vierburgenparkplatz* an der *Neckargemünder Straße*. Die Ausschilderung des Geopfads führt uns zur *Vorderburg* (Infotafel), an welche die *Mittelburg* (Infotafel) direkt anschließt. Wir wandern weiter auf dem Geopfad zur Burg-Dilsberg-Tafel, von wo aus man einen schönen Blick auf die Bergfeste *Dilsberg* jenseits des Neckars hat. Von dort folgen wir dem Vier-Burgen-Rundweg zur *Hinterburg* (Infotafel, freier Eintritt) und weiter zur Burg *Schadeck* (Infotafel, freier Eintritt). Die Türme können bestiegen werden und bieten eine prächtige Aussicht. Denselben Weg geht es zurück zur Burg-Dilsberg-Tafel, wo ein schmaler Weg zum Vierburgenparkplatz abzweigt. Von dort sind es nur wenige Minuten zur Uferpromenade, über die wir wieder zum Bahnhof gelangen. Für die dreieinhalb Kilometer lange Strecke sollte man eine gute Stunde einplanen.

Eine Neckarschleife hat den Dilsberg vor Millionen von Jahren herausgebildet. Die Anfänge der Burganlage auf der Bergspitze reichen bis in das 12. Jahrhundert zurück. Sie blieb unzerstört bis in die Anfänge des 19. Jahrhunderts. Weder der Dreißigjährige Krieg noch die Eroberungszüge der Franzosen hatten ihr etwas anhaben können. Erst als die Kurpfalz der Neuordnung Deutschlands durch Napoleon zum Opfer gefallen und das Städtchen samt der Burg badisch geworden war, begann ihr Niedergang. Zunächst wurde in der Burg ein Staatsgefängnis, dann ein Karzer der Universität Heidelberg eingerichtet. 1826 gaben die Badener die Burg zum Abriss frei und die Steinquader dienten den Dilsbergern als begehrtes Baumaterial. Jahrzehnte später besann man sich, die Reste zu erhalten. Heute ist das pittoreske Städtchen mit seiner Burgruine ein Tourismusmagnet.

Hoch über dem Neckar gelegen: die Bergfeste Dilsberg gegenüber Neckarsteinach.

Dilsberg ist von Neckarsteinach auf einer kurzen, sehr empfehlenswerten Wanderung über den Neckarsteig zu erreichen. Man wandelt wieder auf den Spuren Mark Twains, der sich diesen Ausflug während seiner Floßfahrt den Neckar hinunter nach Heidelberg nicht entgehen ließ. Besonders angetan war er von der Ansicht des Burgberges vom Tal aus: »Von weither ist er über die Schleifen des Flusses hinweg zu sehen, und der Platz auf seiner Kuppe reicht ganz genau für seine Mütze aus Spitztürmen und Rundtürmchen und ineinander verschränkten Dächern, die sich dicht an dicht in den vollkommenen Kreis der alten Stadtmauer zwängen.«

Durch einen Torturm mit Fachwerkaufsatz betritt man das herausgeputzte Städtchen und steigt durch die Altstadtgässchen an schönen Fachwerkhäusern vorbei zur Burg hoch, die man gegen Eintrittsgeld besichtigen kann. Besonders eindrucksvoll ist die 16 Meter hohe, leicht gebogene Schildmauer, welche früher die gesamte Hauptburg umgab. Die Nord- und Ost-Seiten der Burg waren zudem durch den Steilabfall zum Neckar hinunter bestens gesichert. Um den Ort herum führt ein gut markierter Rundweg. An der Stadtmauer erinnert das *Bienengärtlein* an eine alte Sage.

Die Sage vom Bienengärtlein

Als sich der Graf von Dilsberg mit seinem Gefolge auf einer Jagd im Odenwald befand, wollten seine Feinde die Burg erobern. Doch die Dilsberger Bauern, die sich in die Burg zurückgezogen hatten, als sie die feindlichen Soldaten anrücken sahen, griffen zu einer List. Sie hatten nämlich ihre Bienenkörbe mitgenommen, und als die Angreifer sich daranmachten, die Mauern zu erstürmen, ließen sie die Bienen los. Diese stürzten sich auf die Feinde und trieben sie in die Flucht.

Ob der Graf sich dafür bei seinen Bauern bedankt hat, ist nicht überliefert.

Noch eine andere Geschichte rankt sich um den Dilsberg und wieder stoßen wir in der Ortsgeschichte auf Mark Twain. Ihm ist nämlich letztlich die Entdeckung des historischen Brunnenstollens zu verdanken, der heute eine der Hauptattraktionen auf dem Dilsberg ist. Und das kam so: Ein Amerikaner mit deutschen Wurzeln hatte Mark Twains Schilderung der Burgruine gelesen, wo dieser in der Burg einen alten ausgetrockneten Brunnen beschrieb, an die 50 Meter tief, aus dem, wie ihm die Dilsberger Kinder erzählten, in 25 Metern Tiefe ein unterirdischer Gang abzweige.

Zu Beginn des 20. Jahrhunderts reiste der begeisterte Leser von Twains Reisebeschreibung ins Land seiner Ahnen, fuhr zum Dilsberg, ließ sich in den Brunnen abseilen und fand tatsächlich den Eingang zu dem beschriebenen unterirdischen Gang. Auf eigene Kosten ließ er ihn freilegen.

Der etwa 80 Meter lange Stollen wurde dann 1926 vollständig ausgeräumt und kann heute im Rahmen einer Burgbesichtigung begangen werden. Er ist beleuch-

Der Eingang zur Stadt Dilsberg führt durch dieses schmale Stadttor.

tet und verfügt über drei Nottelefone. Im Winter aber haben die Fledermäuse Vorrang. Erst wenn sie etwa ab April aus ihrem Quartier ausgeflogen sind, dürfen die Touristen durch die Sandsteingewölbe spazieren.

Seine Entstehung hat einen handfesten praktischen Hintergrund. In der Burg hatten die Kurpfälzer eine Garnison stationiert. Als der Wasserbedarf stieg, musste der Brunnen vertieft werden. Um ihn zu belüften, baute man den Seitenstollen und schüttete ihn nach den Bauarbeiten wieder zu.

Wandertipp: Nach Dilsberg von Neckarsteinach

Vom Bahnhof in Neckarsteinach geht es ein kurzes Stück entlang der Bundesstraße zur Schleusenbrücke, die wir überqueren. Gleich dahinter zweigt der Neckarsteig (beschildert) zum Dilsberg ab. Bei der *Friedenslinde* mit umlaufender Bank erreichen wir nach zwei Kilometern die Stadtmauer von Dilsberg. Ein markierter Weg führt um den Ort herum. Ein Bummel durch den historischen Ortskern und ein Besuch der Burg ist sehr zu empfehlen. Auf demselben Weg geht es zurück zum Bahnhof in Neckarsteinach. Für die kurze Wanderung sollte man mindestens zwei bis drei Stunden einplanen, damit man sich in Ruhe alles ansehen kann.

STADT AN ZWEI FLÜSSEN: NECKARGEMÜND

Drei Kilometer hinter Neckarsteinach liegt die hessisch-baden-württembergische Grenze. Die *Neckartalbahn* fährt an den Außenbezirken von Kleingemünd vorbei, seit 1907 ein Stadtteil von Neckargemünd. Über den Neckar an sein linkes Ufer bringt uns die Eisenbahnbrücke zum S-Bahn-Haltepunkt ⤙ **Neckargemünd-Altstadt** und durch den *Reichensteintunnel* weiter zum Bahnhof ⤙ **Neckargemünd**, der westlich davon direkt an der Bundesstraße 83 nach Heidelberg liegt.

Hier mündet von Süden die *Elsenztalbahn* aus Bad Friedrichshall ein. Sie ist älter als die *Neckartalbahn*. Bereits 1862 wurde sie eröffnet und führte als Teil der *Badischen Odenwaldbahn* zunächst bis Meckesheim, 1868 über Sinsheim bis Bad Rappenau und ein Jahr später über Bad Wimpfen bis Bad Friedrichshall-Jagstfeld. Heute verkehren auf dieser Strecke der Regional-Express aus Heilbronn, die S-Bahnlinie S 5 aus Eppingen und die S 51 aus Aglasterhausen. Die *S-Bahn RheinNeckar* bildet das Rückgrat des Schienenpersonennahverkehrs in der Metropolregion Rhein-Neckar. Den Mittelpunkt dieses Netzes bilden Heidelberg,

Neckargemünd, Partie an der Elsenz, kurz vor der Mündung in den Neckar.

Neckargemünd, Camping am Fluss, gegenüber der »Felsenberg«, dessen einst mächtigere Buntsandsteinwand den Ur-Neckar nach Süden abdrängte und zu einer 16 Kilometer langen Flussschleife zwang.

Mannheim und Ludwigshafen. Das Netz ging 2003 in Betrieb und erreicht derzeit eine Länge von 370 Kilometern.

Um Neckargemünd kennenzulernen, empfiehlt es sich, am S-Bahn-Haltepunkt ···⇥ **Neckargemünd-Altstadt** auszusteigen.

Das Felsenband, das am gegenüberliegenden Ufer gut zu erkennen ist, wo der rote Buntsandstein durch den Wald leuchtet, zwang in seiner ursprünglich viel größeren Ausdehnung den Neckar, etwa fünf Kilometer nach Süden auszuweichen, bis er sich schließlich durchgesägt hatte. So ist der längliche Höhenzug *Hollmuth*, westlich der Altstadt, als Umlaufberg des Neckars entstanden. Er zieht sich vier Kilometer bis Wiesenbach bei Mauer und bildete einst die Uferseiten des Urneckars. Heute verläuft durch das frühere Flussbett die *Wiesbacher Straße*. Am Südabhang des *Hollmuth* wandte sich der Urneckar in einer engen Schleife wieder nach Norden. Heute fließt die Elsenz in diesem ehemaligen Neckarbett. In der Landschaft ist die historische Neckarschlinge, die vor über einer Million Jahren mit rund 16 Kilometern ihre größte Ausdehnung hatte, noch gut auszumachen.

In der engen Flussschlinge bei Mauer lagerte der Neckar Kiese und Sande ab, die nachgewiesenermaßen seit der Mitte des 16. Jahrhunderts in Mauer abgebaut werden. Dadurch ist Mauer weltbekannt geworden. In einer der Sandgruben fand

Ulrichskirche am Neckarufer von Neckargemünd.

nämlich Daniel Hartmann am 21. Oktober 1907 den gut erhaltenen Unterkiefer eines Frühmenschen, des *Homo Heidelbergensis*, der vor etwa 500 000 Jahren gelebt hat. Die Wissenschaftler gehen aber davon aus, dass der Urmensch von Mauer nicht hier gestorben ist, sondern dass der Ur-Neckar den fossilen Unterkiefer zusammen mit den Sanden und Kiesen angeschwemmt und abgelagert hat. Doch eines steht fest: Irgendwo am Neckar muss der *Homo Heidelbergensis* einmal gelebt haben. Auch Überreste von Säbelzahntiger, Höhlenbär, Waldnashorn und Flusspferd hat man hier gefunden, denen der Urmensch von Mauer begegnet sein konnte, lebte er doch zur selben Zeit, einer zwischeneiszeitlichen Warmphase.

Im Rathaus von Mauer (mit der *Elsenztalbahn* von Neckargemünd in wenigen Minuten zu erreichen) kann das *Urgeschichtliche Museum* während der Öffnungszeiten kostenlos besichtigt werden.

Siedlungsspuren sind an der Mündung der Elsenz in den Neckar seit der Jungsteinzeit nachgewiesen. Kelten, Römer, Alamannen und Franken lebten hier. König Heinrich VII. erhob die Siedlung *Gmundia* 1230 zur Reichsstadt, doch bereits hundert Jahre später verpfändete sie das Reich an den Pfalzgrafen bei Rhein. Heute ist die Stadt in der Urlaubsregion *Neckartal-Odenwald* ein Unterzentrum des Rhein-Neckar-Kreises und Sitz eines Gemeindeverwaltungsverbandes für Neckargemünd, Bammental, Gaiberg und Wiesenbach.

Die Altstadt der »schönen Nachbarin Heidelbergs«, wie Neckargemünd oft genannt wurde, liegt auf dem Uferhang des Neckars, dem Nordabhang des *Hollmuth*, westlich begrenzt durch die Elsenz. Schmale Gassen mit alten Fachwerkhäusern durchziehen das Städtchen. Direkt an der Innenseite der alten Stadtmauer verläuft das enge Kleppergässchen. Hinter der Ufermauer am Neckar erhebt sich die *Ulrichskirche* mit ihrem spitzen Schieferdach. Sie wurde im spätgotischen Stil auf den Grundmauern einer romanischen Vorgängerkirche errichtet. Auf dem Neckargemünder Hausberg *Hollmuth,* im Süden der Altstadt gelegen, erhob sich einst die Burg *Reichenstein*, von der nur noch die Grundmauern zu sehen sind. Im *Alten Rathaus* ist ein Museum eingerichtet mit dem Schwerpunkt *Neckarschifffahrt*.

Sehenswert ist außerdem der *Menzerpark*, genannt nach der Villa, die sich Julius Menzer, reicher Weingroßhändler und Reichstagsabgeordneter, im 19. Jahrhundert an der Straße nach Dilsberg bauen ließ. Menzer führte als Erster griechische Weine nach Deutschland ein und wurde für seine Pioniertat zum griechischen Konsul ernannt. In der Griechischen Weinstube *Zur Stadt Athen* in der Neckarstraße, die derzeit leider geschlossen ist, schenkte er sie aus. Auch in Berlin und Frankfurt eröffnete Menzer damals griechische Weinstuben.

Tipp für Radfahrer

Vom Bahnhof in Neckargemünd führt die *Schillerstraße* hinunter zu den Uferanlagen am Neckar. Dort stoßen wir auf den Radweg, der sich entlang der Bundesstraße 337 bis nach Heidelberg zieht (30 bis 40 Minuten).
Schöner ist die Radstrecke am rechten Ufer. Wir halten uns am Bahnhof zunächst ein Stück nach rechts und fahren 300 Meter entlang der Bahnhofstraße bis zur Straßenbrücke über den Neckar. Auf der gegenüberliegenden Flussseite biegen wir in die *Ziegelhäuser Straße* ein, wo wir den ausgeschilderten *Neckartal-Radweg* erreichen, der uns über Ziegelhausen ebenfalls in einer halben Stunde nach Heidelberg bringt.

Von Neckargemünd nach Mannheim

ÜBER SCHLIERBACH UND ZIEGELHAUSEN NACH HEIDELBERG

Kurz hinter Neckargemünd fährt die Bahn eine weitere Flussschleife aus. Der Neckar zwängt sich hier zwischen dem Bergmassiv des *Königstuhls* und des *Lammerskopfes* hindurch. Die bewaldeten Steilhänge steigen auf beiden Seiten 300 bis 400 Meter an. Es folgen die S-Bahn-Haltepunkte ···⟩ **HD-Orthopädie** und ···⟩ **HD-Schlierbach/Ziegelhausen**.

Bei Schlierbach beginnen die Vororte von Heidelberg. Gegenüber liegt Ziegelhausen, wo Bärenbach, Steinbach und Mausbach recht nah beieinander in den Neckar münden. In der von ihnen geschaffenen Talaue ist der Ort bereits in der Römerzeit entstanden. Seinen Namen trägt er von der Ziegelei, welche das Zisterzienserkloster Schönau 1210 dort eingerichtet hatte.

Seit 1130 befand sich hier bereits ein Benediktinerkloster, die *Niwenburg*, eine Filiale des Klosters Lorsch. Die Abtei *Neuburg*, deren Kirche und Gebäude von der Bahn aus gut zu sehen sind, hat eine bewegte Geschichte. Auf die Benedik-

Entspannt mit der Bahn reisen.

Panoramablick von der Scheffelterrasse im Schlossgarten auf Heidelberg.

tiner folgten Benediktinerinnen; dann Zisterzienserinnen, ein Stift für adelige Fräulein wurde hier eingerichtet, dann kamen Jesuiten, anschließend ging es in Privatbesitz über. Im 19. Jahrhundert beherbergte Neuburg illustre Gäste wie Carl Maria von Weber, den Freiherrn von Stein, Eichendorff, Brentano, Johannes Brahms, später auch Hermann Hesse und Rainer Maria Rilke. 1926 ging das Kloster wieder an den Benediktinerorden zurück und noch heute leben hier Benediktinermönche. Nach dem Dreißigjährigen Krieg war das Dorf Ziegelhausen fast ausgestorben. Die Pfälzer Kurfürsten siedelten deshalb Glaubensflüchtlinge aus der Schweiz an, die den Ort wieder belebten.

Bevor wir zur Altstadt von Heidelberg kommen, verengt sich das Neckartal ein letztes Mal zwischen *Königstuhl* (567,8 m ü. NHN) auf der linken und *Heiligenberg* (439,9 m ü. NHN) auf der rechten Uferseite. Der Neckar verlässt dann den Odenwald und fließt in die westlich gelegene *Oberrheinische Tiefebene*, das Tiefland, das durch den *Oberrheingraben* entstanden ist.

Nun passiert die *Neckartalbahn* den Bahnhof ···⊹ **Heidelberg-Altstadt**, früher *Karlstorbahnhof*, in dessen Gebäude bis vor kurzer Zeit ein Kulturhaus der Stadt Heidelberg regen Zulauf hatte. Daneben steht das historische *Karlstor*, ein Stadttor, das die Bürger Heidelbergs Ende des 18. Jahrhunderts im Stil eines Triumphbogens als Geschenk an ihren Kurfürsten Karl Theodor errichten ließen.

Gleich danach verschwindet die Bahn im 2487 Meter langen *Königstuhltunnel*. Dieser stand seit 1912 zunächst für den Güterverkehr bereit, löste dann mit dem

Heidelberg vom »Schlangenweg« gegenüber der Altstadt.

neuen, 1955 in der Weststadt eröffneten Heidelberger Hauptbahnhof die von Anfang an befahrene Strecke durch *Schlossbergtunnel*, auch *Karlstortunnel* genannt,
Spitaltunnel und *Gaisbergtunnel* ab. *Gaisberg-* und *Schlossbergtunnel* wurden von
1962 bzw. 1968 an Straßentunnel. Wir erreichen danach den ⸱⸱⸱⸱⸻ **Heidelberger**
Hauptbahnhof, einen der größten Personenbahnhöfe Baden-Württembergs.

Die 1840 eröffnete Eisenbahnlinie Heidelberg–Mannheim war die erste im
Großherzogtum Baden, der erste rund 18 Kilometer lange Abschnitt der *Badischen Hauptbahn*, deren Trasse von Heidelberg über Mannheim bis Basel führen
sollte. Im selben Jahr wurde der erste Heidelberger Bahnhof übergeben. Es war
ein Kopfbahnhof, der sogenannte *Badische Bahnhof*, dem wenige Jahre später
nördlich der Main-Neckar-Bahnhof für die damals hessische Main-Neckar-Bahn
nach Frankfurt hinzugefügt wurde. Dazu kam 1862 ein Durchgangsbahnhof für
die Strecke das Neckartal aufwärts in Richtung Heilbronn durch die oben genannten aufgegebenen drei Tunnel. Im Zuge der Stadtentwicklung wurde dieses
Bahnhofsareal, das bis 1953 in Betrieb war und heute im Wesentlichen von der
Kurfürstenanlage eingenommen wird, rund einen Kilometer nach Westen verlegt.
Von Süden kommt die Bahnlinie Bruchsal–Heidelberg. Beide Linien führen zusammen weiter nach Mannheim.

Ein Bahnkuriosum am Rande: Baden baute seine Eisenbahn in 1600 mm Breit-
spur – als einziger deutscher Staat. Als sich herausstellte, dass sich Baden bahn-
technisch dadurch völlig isoliert hatte, wurden 1854/55 alle damals vorhandenen
Strecken innerhalb eines Jahres auf Normalspur mit 1435 mm umgespurt, inklu-
sive Wagen und Lokomotiven!

Schöne Brücke, hast mich oft getragen,
wenn mein Herz erwartungsvoll geschlagen
und mit dir den Strom ich überschritt.
Und mich dünkte, deine stolzen Bogen
sind in kühnem Schwunge mitgezogen
und sie fühlten meine Freude mit.
(Gottfried Keller)

Kaum eine deutsche Stadt ist so oft bedichtet und besungen worden wie Heidelberg. Goethe, Hölderlin, Brentano, Heine, Gottfried Keller, Victor Hugo, Scheffel, Mark Twain ... Schlagertexte befassen sich mit Heidelberg, wo so mancher schon »sein Herz verloren hat«. Klischeebilder vom alten Heidelberg sind entstanden, die Kurt Tucholsky zu folgendem karikierenden Reim veranlasst haben: »Denn der schönste Platz, der hier auf Erden mein, das ist Heidelberg in Wien am Rhein.«

Alte Brücke in Heidelberg, nach ihrem Erbauer auch Karl-Theodor-Brücke genannt.

Das war freilich bitterböse formuliert, aber dem romantischen Zauber von Stadt und Schloss kann sich bis heute kaum ein Besucher entziehen. Das war schon Mark Twain klar, als er schrieb: »Es wird behauptet, dass ein Fremder, der über die Zugbrücke kommt und ohne ein Wort zu sagen quer über den Vorhof bis zur Schlossfassade geht, sich etwas wünschen dürfe, und der Wunsch werde erfüllt. Aber es wird auch behauptet, dass man nie die Probe aufs Exempel habe machen können, denn jedem Fremden entlocke die Schönheit der Schlossfassade einen Ausruf des Entzückens, bevor er von der Zugbrücke bis zu der bezeichneten Stelle gehen könne.«

Wer sich dem Zauber von Alt-Heidelberg aussetzen möchte, kann beim *Karlstor* Bahnhof ⇢ **Heidelberg-Altstadt** aussteigen. Hier beginnt bereits die Fußgängerzone der *Hauptstraße*.

Nach wenigen Minuten hat man über die *Hauptstraße* den *Kornmarkt* erreicht, unterwegs kommt man am *Kurpfälzischen Museum* im prächtigen Barock-Palais *Morass*, 1712 für den damaligen Rektor der Universität, Johann Philipp von Morass, erbaut, vorbei. Es beherbergt heute die Städtischen Kunst- und Altertümersammlungen. Mitten auf dem Platz erhebt sich die Mariensäule der *Kornmarkt-Madonna*. Im Westen schließt sich an den *Kornmarkt* der *Marktplatz* mit der wuchtigen *Hei-*

**Vom Kornmarkt unter dem Heidelberger Schloss zweigt
der Burgweg zum Schloss ab.**

Links: Heiliggeistkirche am Marktplatz. Rechts: Das Hotel zum Ritter wurde 1592 für den zugewanderten Tuchhändler Charles Belier erbaut. Als einziges Bürgerhaus hat es die Zerstörungen von 1689–93 überdauert. Seit 1705 ist es Gasthaus.

liggeistkirche an, einer gotischen Hallenkirche aus Odenwälder Buntsandstein, im 15. Jahrhundert errichtet. Sie war die Grablege der Kurfürsten von der Pfalz.

Typisch für die *Heiliggeistkirche* sind die kleinen Ladenbauten, die zwischen den Strebepfeilern des Chors zum Marktplatz hin eingebaut sind. Wo früher Bäcker und Schuhmacher ihre Waren verkauften, warten heute Andenkenläden auf Kunden. Auf der Südseite der Kirche sind im Mauerwerk Brezeln als Relief zu finden, so dass einst die richtige Größe der in Heidelberg verkauften Brezeln überprüft werden konnte.

Der *Heiliggeistkirche* gegenüber steht das älteste weltliche Gebäude Heidelbergs, das *Haus zum Ritter*, 1592 von dem reichen Tuchhändler Charles Belier erbaut, der sich als Glaubensflüchtling in Heidelberg niedergelassen hatte. Er musste wegen der Gegenreformation, die im damals spanischen Teil der Niederlande wütete, seine Heimat verlassen und fand, wie so viele andere protestantische Vertriebene, Aufnahme in der Kurpfalz. Victor Hugo war begeistert von der Renaissance-Fassade dieses Hauses. Ein Poet habe es errichtet, meinte er. In sei-

Links: Neckarschule. Rechts: Küchengässchen in der Altstadt.

ner Beschreibung Heidelbergs, das er 1838 besucht hatte, formulierte er: »Schließlich ist die ganze rote Sandsteinfassade mal neckisch, mal streng behauen, zise-
liert, mit dem Meißel bearbeitet und von oben bis unten mit goldenen Arabesken,
Medaillons und Büsten versehen.«

Das *Haus zum Ritter* hat die Zerstörung der Stadt durch die Franzosen Ende
des 17. Jahrhunderts nur deshalb überstanden, weil es massiv aus Stein gebaut war.

Von der parallel zum Neckar verlaufenden, über einen Kilometer langen
Hauptstraße zweigen zahlreiche kleine Gässchen ab, mit vielen kleinen Laden-
geschäften und Gaststuben. Etwa in der Mitte der Hauptstraße liegt die *Alte
Universität*, ein Barockbau aus dem beginnenden 18. Jahrhundert, mit dem *Uni-
versitätsmuseum*. Die *Ruprecht-Karls-Universität Heidelberg* ist eine der ältesten
europäischen Universitäten und die älteste Universität Deutschlands. Sie wurde
im Jahr 1386 vom pfälzischen Kurfürsten Ruprecht I. gegründet und 1803 durch
den badischen Markgrafen Karl Friedrich neu organisiert, daher der Name der
Hochschule. Ruprecht I. ist ein Urahn der Mechthild von der Pfalz. Mechthild,
geboren in Heidelberg, hatte großen Anteil an der Errichtung zweier Universitäten, nämlich in Freiburg und in Tübingen. Rottenburg war ihr Witwensitz (vgl.
Rottenburg, Seite 50).

Hat man die *Hauptstraße* hinter sich gelassen, geht es nach rechts zur *Theodor-
Heuss-Brücke*. Auf der gegenüberliegenden Uferseite beginnt der schönste Pro-
menadenweg der Stadt, der *Philosophenweg*, der auf eine Anhöhe mit Panorama-

blick auf Schloss und Stadt unter dem *Heiligenberg* entlangführt. Er wird auch der »Balkon Heidelbergs« genannt. Nach Norden durch den Heiligenberg geschützt, nach Westen hin offen und nach Süden den warmen Sonnenstrahlen ausgesetzt, liegt der Hang, auf dem er sich hinzieht, klimatisch sehr begünstigt. In seiner jetzigen Form ist er Mitte des 19. Jahrhunderts angelegt worden. Damals gab es hier noch überall Weinberge. Heute gedeihen in den Gärten Palmen, Olivenbäume, Mandeln und Feigen und seit dem Jahr 2000 hat man hier auch wieder mit dem Weinbau begonnen.

Trockenmauern mit ihrer wärmespeichernden Wirkung sind typische Landschaftselemente am *Philosophenweg*. Sie bieten einen idealen Lebensraum für wärmeliebende Pflanzen und Tiere wie Mauer- und Zauneidechsen, Schlingnattern und Wildbienen. Hier findet man Mauerpfeffer, Zirbelkraut, Osterluzei, Traubenhyazinthe und Weinberglauch. Beim *Philosophengärtchen* trifft man auf ein Eichendorff-Denkmal inmitten eines Parks mit mediterraner Pflanzenwelt. Ein Stück weiter östlich zweigt der *Schlangenweg* hinunter zur Altstadt ab.

Über steile Treppen, an südlichen Wegmauern vorbei, den Blick auf die Altstadt jenseits des Neckars und auf das Schloss gerichtet, kann man den landschaftlichen Reiz der Stadt in sich aufnehmen. Seinen Namen hat der Weg nicht etwa von namhaften Heidelberger Philosophen, sondern von den Studenten, die ihn schon früh für romantische Spaziergänge bevorzugten. Bis ins 19. Jahrhundert musste jeder Student zunächst Philosophie studieren, bevor er ein Fachstudium aufnahm.

Das Neckarufer erreicht man direkt an der *Karl-Theodor-Brücke*, die in die Altstadt führt. Am ehemaligen nördlichen *Brückentor* befand sich einst ein Relief,

Mediterrane Vegetation am Philosophenweg.

das einen Affen zeigte, der sich ans Hinterteil fasst und sich einen Spiegel vorhält. Der *Brückenaff* fiel der Zerstörung der Brücke durch die Franzosen 1689 zum Opfer. 1979 wurde an seiner Stelle am Brückentor eine moderne Skulptur aufgestellt, welche das alte Motiv aufgreift. Unter der Skulptur, die dem Betrachter einen Spiegel zuwendet, steht auf einer Bronzeplatte folgender Text in frühneuhochdeutscher Sprache, 1632 verfasst von Martin Zeiler in seinem Werk »Wege durch Deutschland« *(Itinerarium Germaniae)*:

> *Was Thustu*
> *Mich hie angaffen?*
> *Hastu nicht gesehen*
> *Den alten Affen*
> *Zu Heydelberg.*
> *Sieh dich hin und her.*
> *Da findestu wol*
> *Meines gleichen mehr.*

Ganz in der Nähe der *Alten Brücke* steht das Geburtshaus von Friedrich Ebert, dem ersten demokratisch gewählten deutschen Staatsoberhaupt. Im *Friedrich-Ebert-Haus* ist ein kleines Museum eingerichtet, das an den Heidelberger Handwerkersohn, Arbeiterführer und Reichspräsidenten erinnert.

»Brückenaff« neben dem Brückentor.

Bergbahn auf den Königstuhl.

Stadtspaziergang Heidelberg

Vom Bahnhof Heidelberg-Altstadt gelangen wir durch das *Karlstor* in die Fußgängerzone der *Hauptstraße*, die parallel zum Neckar durch die Altstadt von Heidelberg führt, an der sich das Palais *Morass* (Kurpfälzisches Museum) befindet. Bald stehen wir auf dem *Kornmarkt* mit dem alten Rathaus und der *Kornmarkt-Madonna*. Über den *Burgweg* und den *Kurzen Buckel* geht es hinauf zum Schloss und wieder zurück zum *Kornmarkt*, an den sich der *Marktplatz* mit der *Heiliggeistkirche* anschließt. Gegenüber steht das älteste Haus Heidelbergs, heute *Hotel zum Ritter*. Unser Weg führt an der *Alten Universität* vorbei zum *Bismarckplatz* und über die *Theodor-Heuss-Brücke* zum gegenüberliegenden Ufer. Wir folgen der *Brückenstraße* bis zur *Ladenburgstraße* und zweigen nach rechts zum *Philosophenweg* ab, der uns auf der Höhe zum *Philosophengärtchen* und weiter zur Abzweigung des *Schlangenwegs* führt, über den wir die *Alte Brücke (Karl-Theodor-Brücke)* erreichen. Durch das *Brückentor* gelangen wir in die Altstadt zum *Kornmarkt* und über die *Hauptstraße* wieder zum Karlstorbahnhof. Für den ca. vier Kilometer langen Rundweg sollte man zwei bis drei Stunden einplanen. Wer Lust und Zeit hat, kann die Wanderung noch bis zum *Königstuhl* ausdehnen. Über die *Himmelsleiter*, einen romantischen Treppenweg durch den Wald oder mit der *Heidelberger Bergbahn* kann man zum wohl schönsten Aussichtsplatz hoch über Heidelberg aufsteigen, mit einer phänomenalen Sicht auf die Stadt, die Rheinebene und in der Ferne die Höhenzüge des Pfälzer Waldes.

Ein Besuch in Ladenburg lohnt sich auf jeden Fall. Die *Main-Neckar-Bahn* bringt uns vom Hauptbahnhof Heidelberg in einer Viertelstunde zum Bahnhof in Ladenburg.

Ladenburg war von der Römerzeit bis ins Mittelalter das Zentrum der Region. Die Römer siedelten hier Sueben an, zugewanderte Germanen, die hier eine eigene Bürgerschaft mit Selbstverwaltung bildeten, die *Civitas Ulpia Sueborum Nicrensium* (Stadt der Neckarschwaben). Ortsnamen in der Umgebung wie Suebenheim und Schwabenheim erinnern noch heute daran. Im Mittelalter war Ladenburg das Zentrum des Lobdengaus, abgeleitet vom römischen Namen für Ladenburg *Lopodunum*, der von der Rheinebene bis in den Odenwald bei Eberbach reichte.

Von Neckarhausen nach Ladenburg verkehrt eine weitere der letzten Neckarfähren. Die Neckarschifffahrt hat hier eine lange Tradition. Aus Neckarhausen kamen die Neckarhäuser *Halfreiter*, bekannt als Treidelunternehmer, die mit ihren Pferden und Maultieren die Schiffe den Neckar aufwärts bis Heilbronn treidelten.

Neckarufer bei Ladenburg.

Die Autoschmiede von Carl Benz in Ladenburg ist heute ein Museum.

Mit der Fähre über den Neckar erreichen wir den südlichen Ortsrand von Ladenburg und können durch die Uferanlagen bis zur Eisenbahnbrücke spazieren, wo wir den Neckar ebenfalls überqueren können. Die Altstadt von Ladenburg mit ihren schön herausgeputzten Fachwerkhäusern, den Türmen der Stadtbefestigung, der Kirche *St. Gallus* aus dem Mittelalter und dem *Lobdengaumuseum*, wo Funde aus der Römerzeit zu sehen sind, bietet dem Besucher beschauliche Winkel und jede Menge Historie, umrahmt von einer wunderschönen Flusslandschaft.

Von der Eisenbahnbrücke flussaufwärts, an der Straße nach Ilvesheim, direkt am Neckar gelegen, steht die Autowerkstatt, in der Carl Benz seine ersten Autos gebaut hat. Sie ist zu einem sehenswerten Museum umgestaltet, das die Geschichte der Motorisierung zeigt. Am *Benzpark* kann man auch das Wohnhaus von Carl Benz besichtigen.

Natur- und Landschaftsschutzgebiet »Unterer Neckar«

Zwischen Heidelberg-Wieblingen und Mannheim-Feudenheim hat sich rund um den Altneckar eine typische Auenlandschaft mit Inseln, Kies- und Sandbänken, Flach- und Stillwasserzonen, Prall- und Gleitufern und vielen Buchten erhalten. Dank des Seitenkanals von Uferbefestigungen und Schifffahrt verschont geblieben sind einige Altarme. Das 735 Hektar große Schutzgebiet besteht aus

Neckarfähre bei Neckarhausen.

fünf Landschaftsschutzgebietsteilen und sechs Naturschutzgebieten, die 1986 unter Schutz gestellt wurden. Seltene Pflanzen und Tiere haben dort ihren Lebensraum. Besonderen Schutz genießen die Naturschutzgebiete *Altneckar* bei Heidelberg-Wieblingen, die *Altneckarschleife* zwischen Ladenburg und Ilvesheim und die *Maulbeerinsel* hinter Feudenheim. Sie sind durch Rad- und Spazierwege erschlossen. Der Wanderer kann Wasservögel, Singvögel wie Nachtigall und Pirol, Schmetterlinge, Fledermäuse und Amphibien beobachten. Die *Maulbeerinsel* ist beim Bau des Neckarkanals 1930 entstanden. Sie verdankt ihren Namen der im 17. Jahrhundert in der Kurpfalz eingeführten Seidenspinnerzucht, für die man in der Kurpfalz Hunderttausende von Maulbeerbäumen anpflanzte. Etwa 30 Maulbeerbäume gedeihen noch auf der Mannheimer *Maulbeerinsel*.

Um nach Mannheim, unserem Endpunkt der Reise, zu kommen, fahren wir am besten wieder zurück nach Heidelberg und anschließend mit der S-Bahn in Richtung Mannheim Hauptbahnhof. Auf dieser letzten Etappe können wir, wenn überhaupt, den Neckar nur von Ferne wahrnehmen. Mit Blick zurück sehen wir die hell schimmernden Sandsteinbrüche von Dossenheim, die aus den grünen Odenwaldbergen herausleuchten. Ein kurzer Halt an der S-Bahn-Station ⇢ **Pfaffengrund/Wieblingen**, dann fährt die Bahn unter dem Autobahnkreuz Heidelberg und der A5 hindurch und passiert den nächsten Haltepunkt ⇢ **Mannheim-Friedrichsfeld Süd**.

Sogleich kommen wir an der *Historischen Eisenbahn Mannheim* (links) vorbei. Das Bündel von Gleisen wird immer dichter, wir unterqueren die A6, passieren den S-Bahn-Halt ┅┥ **MA-Seckenheim**. Bis zur nächsten S-Bahnstation ┅┥ **MA ARENA/Maimarkt** begleitet uns links der riesige Mannheimer Rangierbahnhof. Mit einer Fläche von 200 Hektar, sechs Kilometern Länge, rund 400 Metern Breite und Dutzenden von Gleisen gehört er zu den größten und leistungsfähigsten in Europa. Mehr als 5000 Güterwaggons laufen hier pro Tag hindurch. Überspannt wird das Areal von der sogenannten *Containerbahnhofbrücke*, mit 1,1 Kilometern eine der längsten Eisenbahnbrücken in Deutschland. Auf ihr fahren die ICEs nach Stuttgart und Basel. Wir durchfahren diese Brücke, fahren in den Hauptbahnhof ein und befinden uns, wenn wir das Empfangsgebäude verlassen, schon mitten in der Innenstadt.

Der ┅┥ **Mannheimer** Hauptbahnhof ist heute der zweitgrößte Bahnknotenpunkt Baden-Württembergs. Das repräsentative Empfangsgebäude, um die Jahrtausendwende zu einem Einkaufszentrum umgestaltet, geht auf die Jahre 1874/75 zurück, als man den ersten Mannheimer Bahnhof von 1840 wegen der Umgestaltung von einem Kopfbahnhof zu einem Durchgangsbahnhof verlegte.

Das Bahnhofsgebäude wurde mehrfach umgebaut und den ständigen Erweiterungen angepasst. Hier verkehren ICE-Züge, EC-Züge, der TGV auf seiner Fahrt von Frankfurt nach Paris und nach Marseille, die Züge des Regionalverkehrs und der S-Bahn RheinNeckar. Fünfzehn Jahre (1976–1991) wurde an der Schnellbahnstrecke Stuttgart–Mannheim gebaut. Sie ist 99 Kilometer lang und

Uferpartie am unteren Neckar zwischen Neckarhausen und Ladenburg.

verbindet die Landeshauptstadt mit der Rhein-Neckar-Metropole in einer Reisezeit von 40 Minuten. Auf der Strecke werden Höchstgeschwindigkeiten von 280 Stundenkilometern erreicht.

Mehr als 100 000 Fahrgäste passieren täglich den Mannheimer Hauptbahnhof.

Tipp für Radfahrer

Um die Flussauenlandschaft des unteren Neckars zu erleben, bietet sich die Erkundung mit dem Rad geradezu an. Der Weg ist fast eben und führt meist direkt am Neckarufer entlang. Bei dieser Fahrt können wir das ausgedehnte, zwischen Heidelberg und Mannheim gelegene Natur- und Landschaftsschutzgebiet *Unterer Neckar* kennenlernen.

Vom Heidelberger Hauptbahnhof fahren wir auf der *Mittermaierstraße* zum Neckar, den wir auf der *Ernst-Walz-Brücke* überqueren. Am rechten Ufer stoßen wir auf den *Neckartal-Radweg*, dessen Beschilderung wir von nun an folgen. Wir fahren am Heidelberger Zoo vorbei, unterqueren nach ca. 5 Kilometern die A5, kommen durch Schwabenheim und nach Ladenburg (10,5 km). Über die Eisenbahnbrücke fahren wir über den Neckar nach Neckarhausen und erreichen bei Seckenheim wieder den Neckar (4,5 km). Wir unterqueren die A6, fahren an Neuostheim und der *Maulbeerinsel* (Naturschutzgebiet) vorbei, passieren den *Luisenpark* mit dem Fernmeldeturm und erreichen die *Kurpfalzbrücke* (8 km), wo das *Museumsufer* im Bereich des historischen Neckarhafens liegt. Hier können wir den *Alten Kran* und das Museumsschiff des *Technoseums (Landesmuseum für Technik und Arbeit)* besichtigen, wo die Geschichte der Neckarschifffahrt anschaulich gezeigt wird. Wir überqueren die *Kurpfalzbrücke* und fahren auf dem letzten Stück des Neckartalradwegs bis zur Mündung (3,5 km). Von dort geht es zurück bis zur Kurpfalzbrücke und über den *Friedrichsring* zum Mannheimer Hauptbahnhof (6 km). Gesamtstrecke: 32,5 Kilometer.

Tipp für eine Fahrt mit der Straßenbahn

Für denjenigen, der etwas mehr vom unteren Neckar sehen und erleben will, und dies von der Straßenbahn aus, ist eine Fahrt vom Heidelberger Hauptbahnhof (Bahnhofsvorplatz) zum Mannheimer Hauptbahnhof (Bahnhofsvorplatz) zu empfehlen. Ein moderner Triebwagen der Linie 5 der einstigen *Oberrheinischen Eisenbahn-Gesellschaft*, heute die *MVV OEG AG*, bringt uns in etwa 50 Minuten über Wieblingen, Edingen, Seckenheim und Neuostheim nach Mannheim. Es handelt sich dabei um einen Abschnitt der *Ringbahn*, die weiter über Weinheim, Schriesheim und Dossenheim nach 2 Stunden und 20 Minuten Heidelberg wieder erreicht. Bei Edingen und vor allem zwischen Seckenheim und Mannheim verläuft die Strecke sehr nah am Neckar mit einer schönen Aussicht.

Soweit wär älles reacht und schö'.
Was aber tuat dear Stromer?
r lauft schnurstracks ens Badisch nei'
und selt – vor lauter Jomer –
versäuft r se em Rhei'!
(Sebastian Blau, Dr Neckar)

Sebastian Blau lässt sein schwäbisches Neckargedicht mit leichter Wehmut zu Ende gehen. Sebastian Blau in allen Ehren – aber der badische Teil des Neckars, im Wesentlichen der ehemals kurpfälzische Odenwald-Neckar, kann es an landschaftlicher Schönheit gut mit dem württembergischen Teil aufnehmen. Nur die Neckarmündung (88 m ü. NHN) mutet heute etwas unspektakulär an.

Am eindrucksvollsten erscheint sie noch an der Mannheimer *Neckarspitze*, ganz oben in Mannheims Industriegebiet, gegenüber der *Friesenheimer Insel*.

Mannheim, Neckarspitze. Hier mündet der Neckar (rechts) nach 362 Kilometern in den Rhein.

Der Wasserturm. Mannheims Wahrzeichen im Rosengarten und beliebter Treffpunkt für Jung und Alt.

Leider ist die *Neckarspitze* nur schwer zu erreichen und die Strecke vorbei an Tausenden von Containerlagerplätzen in der *Werfthallen-* oder der *Güterhallenstraße* zu Fuß oder mit dem Rad alles andere als landschaftlich empfehlenswert. Wer dennoch zur *Neckarspitze* will, nimmt sich am besten am Mannheimer Hauptbahnhof ein Taxi (ca. fünf Kilometer, sieben Minuten Fahrt).

Die Stelle, wo der Neckar in den Rhein mündet, hat im Laufe seiner Flussgeschichte mehrfach gewechselt. Zur Römerzeit zog sich der Neckar noch lange Zeit parallel zum Rhein an der *Bergstraße* entlang nach Norden und hog sich erst 50 Kilometer weiter hinter Darmstadt in den Rhein. Vor tausend Jahren mündete er südlich von Mannheim und nach einer großen Überschwemmung im Jahre 1275 verlegte er sein Bett wieder ein paar Kilometer nach Norden. Erst ab 1880 wurde im Zuge der Rheinbegradigung mit dem *Friesenheimer Durchstich* sein heutiger Mündungsbereich geschaffen. Die alte Mündungssituation entspricht dem Ausgang des *Bonadieshafens* bei Sandhofen in den Rhein.

Mannheim ist eine recht junge Stadt. Sie wurde von Kurfürst Friedrich IV. von der Pfalz 1607 gegründet und mit dem typischen gitterförmigen Straßennetz planmäßig angelegt. Im Dreißigjährigen Krieg zerstört und entvölkert, wurde sie ab 1649 mit Zuwanderern, darunter vielen Glaubensflüchtlingen aus Frankreich und Wallonien im heutigen Belgien, wieder aufgebaut.

Aber auch dieser zweiten Gründung Mannheims war kein dauerhaftes Glück beschert. Vierzig Jahre später wurde die Stadt von französischen Truppen erneut völlig zerstört. Die heutige *Quadratestadt* ist im Wesentlichen nach 1700 entstanden. 1720 verlegte Kurfürst Carl Philipp seinen Hof von Heidelberg nach Mannheim und ließ dort im Stil von Versailles eine riesige barocke Schlossanlage errichten.

Der Neckar – nicht etwa der Rhein – bildete die wichtigste Verkehrsachse der Kurpfalz und war der wichtigste Handelsweg zur Reichsstadt Heilbronn, die zwischen kurpfälzischem, reichsritterschaftlichem und geistlichem Gebiet und dem Herzogtum Württemberg lag.

Mannheims Rheinhafen wurde erst 1828 gebaut, als die Stadt zum Großherzogtum Baden gekommen war und der Rhein nach der Wiener Bundesakte von 1815 frei schiffbar wurde. Dadurch wurde der Rheinhafen für die Stadt bald wesentlich bedeutender als die Flussschiffahrt auf dem Neckar. Von Mannheim fuhren in dieser Zeit Hunderttausende Auswanderer aus dem deutschen Südwesten über den Rhein zu den Nordseehäfen in den Niederlanden. Damals entwickelte sich Mannheim zur wichtigsten Industriestadt Badens.

Mannheim ist nach Stuttgart die zweitgrößte Stadt Baden-Württembergs und Zentrum der *Metropolregion Rhein-Neckar* mit einem Einzugsgebiet von 2,3 Millionen Menschen. Sowohl wirtschaftlich als auch kulturell ist Mannheim ein Mittelpunkt

Museumsschiff des Technoseums am Mannheimer Museumsufer.

als Universitätsstadt, Messeplatz, museales Zentrum mit den *Reiss-Engelhorn-Museen*, dem *Landesmuseum für Technik und Arbeit (Technoseum)* und der *Kunsthalle*. Mannheim ist Theaterstadt mit langer Tradition. Im Mannheimer *Nationaltheater* wurden Schillers *Räuber* uraufgeführt. Schiller hatte dort nach seiner Flucht aus Stuttgart als Theaterdichter Aufnahme gefunden. Mozart hielt sich ein paar Monate in Mannheim auf, das mit der *Mannheimer Schule* musikalisches Zentrum der Zeit war. Auch heute ist in Mannheim musikalisch einiges los. Neben der Musikhochschule hat Mannheim auch eine *Popakademie* – die erste derartige Einrichtung in Deutschland. Wohl auch deshalb erhielt Mannheim 2014 von der UNESCO den Titel *Stadt der Musik* verliehen. Und wer mit dem Rad in Mannheim unterwegs ist, sollte daran denken, dass Karl Drais hier vor 200 Jahren das erste Zweirad gebaut und den staunenden Mannheimern vorgestellt hat.

Mannheim hat im Laufe seiner Geschichte immer wieder Flüchtlinge, Vertriebene und Zuwanderer aufgenommen, darunter Glaubensflüchtlinge aus Frankreich, dem heutigen Belgien, Polen und der Schweiz. »Ohne Unterscheid von Nationen« sollte nach kurfürstlichem Erlass von 1652 der Magistrat zusammengesetzt sein und in der Stadt herrschte religiöse Toleranz. 1669 berichtete der Magistrat dem Kurfürsten von einer »guten Harmonia unter so vielerlei Nationen«.

Seit dem 17. Jahrhundert ist eine jüdische Gemeinde nachgewiesen, die sich bis 1925 mit fast 7000 Mitgliedern zur zahlenmäßig stärksten in Baden entwickelte. Rund 4000 der Mannheimer Juden gelang während der Herrschaft der Nationalsozialisten die Flucht ins Ausland, über 2000 fielen den Verfolgungen zum Opfer.

Heute ist Mannheim eine Stadt mit internationaler Bevölkerung. Menschen aus 168 Nationen leben hier. Der Ausländeranteil liegt bei 25 Prozent. Einen Migrationshintergrund geben 43 Prozent der Einwohner an, in einigen Stadtgebieten sind es fast 70 Prozent. Mannheim versteht sich als »bunte Stadt«, tolerant und weltoffen mit »multikultureller Vielfalt im Quadrat«.

Für alle Bahnliebhaber

Korbinian Fleischer

Radeln auf alten Bahntrassen

Gemütliche Familientouren in Baden-Württemberg

In den vergangenen Jahrzehnten sind in Baden-Württemberg viele Bahnstrecken stillgelegt worden – und mancherorts wurden aus den alten Eisenbahntrassen formidable Rollbahnen. Die Besonderheit dieser Radwege: Die Strecken verlaufen völlig eben oder mit nur geringen Steigungen, weshalb die Touren besonders gut für Familien mit Kindern geeignet sind.

Der passionierte Radler und Eisenbahnspezialist Korbinian Fleischer stellt in diesem Tourenführer die 14 landschaftlich schönsten und eisenbahngeschichtlich interessantesten Bahntrassen-Radwege im Land vor – vom Südschwarzwald bis zum Odenwald, vom Rheintal bis zur Ostalb. Jede Radtour ist zugleich eine Spurensuche nach der Eisenbahnwelt früherer Tage. Streckenkarten, Wegeinformationen und Hintergrundgeschichten zu den stillgelegten Bahnstrecken runden das vergnügliche Raderlebnis ab.

160 Seiten, Broschur.
ISBN 978-3-8425-2018-9

 SILBERBURG